文化交融视域中的英语翻译研究

黄 静◎著

吉林出版集团股份有限公司

图书在版编目（CIP）数据

文化交融视域中的英语翻译研究 / 黄静著. — 长春：吉林出版集团股份有限公司，2021.12

ISBN 978-7-5731-0974-3

Ⅰ. ①文… Ⅱ. ①黄… Ⅲ. ①英语－翻译－研究 Ⅳ. ①H315.9

中国版本图书馆 CIP 数据核字（2021）第 256993 号

文化交融视域中的英语翻译研究

著　　者　黄　静

责任编辑　王　平

封面设计　林　吉

开　　本　787mm×1092mm　1/16

字　　数　220 千

印　　张　9.75

版　　次　2021 年 12 月第 1 版

印　　次　2021 年 12 月第 1 次印刷

出版发行　吉林出版集团股份有限公司

电　　话　总编办：010-63109269

发行部：010-63109269

印　　刷　北京宝莲鸿图科技有限公司

ISBN 978-7-5731-0974-3　　定价：58.00 元

前 言

语言与文化之间有着千丝万缕的关系，随着我国交流的不断推进，越来越多的人意识到翻译不单是一种文字的传递，更重要的是一种跨文化交际行为。因此，跨文化翻译已经成为交流能否顺利进行的关键。

鉴于此，笔者撰写了《跨文化视域下的英语翻译研究》一书。本书针对跨文化视角下英语翻译中出现的问题进行了深入研究，尝试总结出跨文化视角下英语翻译的对策。

本书有两大特点值得一提：

第一，本书结构严谨，逻辑性强，以跨文化视角下英语翻译障碍的研究为主线，对跨文化视角下英语翻译障碍中存在的问题进行了探索。

第二，本书理论与实践紧密结合，对跨文化视角下英语翻译障碍的理论与实践工作进行了研究，以便学习者加深对基本理论的理解。

本书中以跨文化视角为切入点，分析英语翻译技巧及提高翻译质量的措施，充分发挥翻译工作推动行业发展的作用。基于此，笔者针对英语翻译中翻译研究的概念、跨文化交际理论、跨文化视域下的翻译技巧等方面进行了分析。英语翻译实质上涵盖了跨文化的交流过程，译者不仅仅需要了解英语的文化背景，同时还需要对另一种翻译语言背后的文化背景进行深入的剖析，在实现跨文化视角转换的基础上，掌握英语翻译技巧，才能提高英语翻译水平。希望本书可以为研究跨文化视角下有英语翻译障碍及其寻求应对策略的相关人员提供参考。

由于跨文化视角下英语翻译工作涉及的范畴比较广，需要探索的层面比较深，笔者在撰写的过程中难免会存在一定的不足，对一些相关问题的研究不透彻，提出的跨文化视角下英语翻译工作的提升路径也有一定的局限性，恳请前辈、同行以及广大读者斧正。

目　录

第一章　英语翻译的理论与实践研究

第一节　英语翻译实践中的母语负迁移

在英语翻译中，语言迁移现象明显，它是母语对目的语的作用和影响，母语迁移包括正迁移和负迁移，本节提到的母语负迁移是指母语与目的语之间存在着许多不同，从而影响了目的语的翻译，因此，需要我们对不同语言的文化背景做深入的了解，以免由于表达方法、说话习惯的不同造成翻译的不准确，在英译汉的过程中，当出现英文与汉语的说话习惯不同时，我们往往采用汉语的习惯，这是母语负迁移产生的主要原因，为了了解母语负迁移的影响，我们对母语负迁移的表现做了具体分析，并提出了相应的解决方案：

一、英语翻译实践中母语负迁移的主要表现

（一）词汇方面的负迁移

准确的英语翻译的前提是对英语原文的意境和文法做深刻的了解，而要做到这一点，就要求翻译人员对英语句子中的基本词汇做准确的理解，但是在实际的翻译过程中，常常会出现词语翻译错误的现象，其原因是没有真正掌握词语的真正含义，而是简单地把词汇进行罗列，比如具有一定文化背景的词语，例如，Adam’s apple 直译成亚当的苹果显然不准确，这就是一种母语迁移，还有，不是在每个句子中，英语单词和汉语的意义都能一一对应的，受不同文化背景的影响，英语和汉语词汇中都有很多特有的词汇，这样就使目的语词汇在表达上不清晰，甚至失去了词汇本身的意思，比如中文中的宫保鸡丁，在英文中无法找到与之相对应的词汇，这时候往往受母语负迁移的影响，将其直译，造成词不达意的现象。

（二）句法方面的负迁移

英语与汉语的句法基本上没有大的差别，但是也有一些细节上的差异，他们之间的最明显的差异，就在于形和意，英文更重视句法结构的形合，靠的是语法结构，而汉语更重视的是意合，靠的是句子内部紧密的逻辑关系，所以，在结构上，我们可以发现，英语的句法比较严谨古板，而中文的结构简单明了，因此只有认真了解英语和汉语的结构上的不

同，在翻译过程中，按照不同的句法结构做正确的翻译，在句法上，有很多时候，英文和汉语说话的语序不同，需要做出大的调整，才能保证翻译的正确，如昨天晚上，在小红家，小红的妈妈给我讲了一个故事，很容易就被按顺序翻译，而实际上在英文中，通常将表示修饰的状语放在句子的后面，如果对这些不了解，就会造成句法的负迁移，影响翻译的质量。

（三）篇章结构方面的负迁移

在英语翻译过程中，对文章的整体把握很重要，英语和汉语在文章的整体结构上也没有大的区别，每个段落表达不同的主题，但是，两种语言在文章结构方面有很多不同，所以在翻译时，同时要兼顾文章结构上的不同，对文章结构以及段落设置做出适当的调整，保证文章结构的完整，逻辑性更强，达到既尊重原文的表达，又符合语言的表达习惯，从而减少文章结构上的负迁移的产生。

二、在英语翻译实践中避免母语负迁移的策略

母语负迁移对英语翻译的影响很大，对英语翻译者来说，正确的了解母语负迁移对其正确的翻译英文也很重要，这就要求他们采取积极有效的措施从而避免母语负迁移现象。具体方法为：首先，对英语词汇进行累积，对其含义进行分析比较，尽最大努力防止词汇负迁移，在英语翻译实践中，受历史文化背景和习惯的影响，英语和汉语的词汇上差异很大，我们要充分认识到这一点，深入了解民族文化，避免英语翻译过程中词汇方面的负迁移，提高翻译水平。

其次，就是对英语和汉语的句法结构进行仔细分析比较，了解英汉两种语言在句法结构上的差别，尤其是英汉之间句式的不同，要避免在句法上发生负迁移，就要深刻地了解英汉两种语言句意和句子顺序的不同。同时，翻译者还应该在更深的层次上，对英汉两种语言进行深刻的分析，了解英语和汉语之间的文化差异并合理使用，在英语翻译过程中要尽最大努力来减少翻译上的错误，减少母语的干扰，避免英语翻译过程中母语负迁移的发生，提高翻译者抵挡母语负迁移能力。最后，在英语翻译过程中我们还应该从全局出发，避免片面地对原文的词汇、句法进行翻译。总之，在英语翻译实践中，充分把握和落实好原文，从整体上把握文章的宗旨，理解好文章的意境和上下文之间的关系、字句之间的关系，从而减少负迁移的影响。

母语的负迁移对翻译有很大的影响，往往因为不重视或者对文化背景的不了解，而造成母语的负迁移，这样导致翻译不准确，英语翻译中母语负迁移的主要表现主要有在字词、句法和篇章结构方面的负迁移，为了实现翻译的准确无误，要求翻译人员了解相关的文化背景，尽量抑制母语的负迁移，提高英语翻译的质量。

第二节　英语翻译专业实践教学模式

随着我国在经济、政治、文化等方面的对外交流活动的日益频繁，各个领域对翻译人才的需求也愈加强烈。虽然每年都有新的从事英语翻译的人员注入翻译行业，但仍然出现英语翻译人才紧缺的现象，无法满足翻译市场对英语翻译人员的实际需求。英语翻译人才的培养工作就变得越来越重要，而且具有一定的挑战性。因此，对英语翻译专业实践教学模式的探索也越来越有现实意义。

一、实践教学模式探索的意义

继 2010 年的上海世博会以来，我国对英语翻译人才的需求急剧增加。虽然每年有大量的英语专业或英语翻译专业的毕业生，从事翻译行业的毕业生却不如人意。究其原因，学术型翻译人才培养模式与翻译市场对应用型英语翻译人才需求相背而驰，所以很多英语专业或英语翻译专业的毕业生理论功底深厚，但翻译实践能力薄弱，不符合翻译市场的需求。因此，对英语翻译专业实践教学模式的探索迫在眉睫，成为英语翻译人才培养工作的重中之重。

二、实践教学模式的六环节

在英语翻译实践教学过程中，六个重要的环节相辅相成，是提高学生的翻译实践能力的重要手段。

（一）实践创新项目

实践创新项目能够充分调动学生学习的积极性、主动性和创造性。鼓励和引导学生积极申请校级、省级和国家级大学生创新创业训练计划项目，不仅可以提高学生的创新思维和创业意识，还能增强学生的创新能力和创业能力。在专业教师的指导下，英语翻译专业学生可以通过创新项目服务地方经济建设。还可以将大学生实践创新项目做成指导教师教改科研项目的子课题，以此提高教师的教学科研效率，达到教学相长的目的。

（二）翻译资格证书考试

中国的翻译职业化进程发展迅速，中国的翻译资格考试体系已建立并得到逐步完善。鼓励学生参加各级各类的翻译资格证书考试，既是对学生翻译能力的综合检验，也是学生顺利就业的基本保证。

（三）翻译竞赛

英语翻译大赛不仅能够检验学生的翻译实践能力，还能提高学生的学习兴趣和学习动力。目前我国主要的英语翻译大赛有中国翻译协会主办的韩素音国际翻译大赛和全国口译大赛、四川外国语大学主办的语言桥杯全国翻译大赛和华东师范大学主办的《英语世界》杯翻译大赛等。鼓励和支持学生积极参加各级各类的翻译比赛，促进学生参与校级、省际和国际的翻译实践交流，以此提升学生的翻译技巧在翻译实践中的应用能力。

（四）社会实践

通过参与和翻译主题相关的社会实践活动，可以使英语翻译专业学生了解翻译市场对翻译人才的需求程度、了解翻译公司或者企事业单位对翻译人员业务能力和职业素养的要求程度、提升学生理论联系实际解决问题的能力和与人沟通的能力。

（五）基地实习

基地实习是英语翻译专业学生在完成全部第一课堂教学计划之后进行的翻译职业体验和实践。实习期间，学生将所学的翻译理论知识和翻译实践技巧应用到翻译实践活动中解决具体问题。高校应该积极推进实习基地的多元化，翻译实习基地不仅可以是翻译公司，也可以是企事业单位。实习可以是集中实习，也可以是自主实习，通过丰富的实习形式提高学生的翻译职业素养和翻译实践能力。

（六）毕业论文

毕业论文可以培养学生提出问题和解决问题的能力。提高英语翻译专业的学生撰写翻译实践报告的比例。翻译实践报告由翻译实践和报告撰写两部分组成。翻译实践部分不仅能够培养学生翻译的独立性和自主性，还能够检验学生的真实翻译水平。报告撰写部分不仅能够培养学生的总结和反思能力，还能锻炼和提升学生解决翻译困难的能力。

英语翻译专业实践教学需要重视实习实训教材的建设，也要重视师资队伍的建设，更要重视实践教学管理制度的建设，以此提高应用型和复合型英语翻译人才培养的质量，为我国在对外经济、政治和文化的交流活动中做出更多的贡献。

第三节　科技英语翻译理论和实践的关系

科技英语是科学技术工作人员进行科学研究和学术交流中所使用的英语，是一种科技类文体，主要特点就是用词准确和语言简练，有效地表达说话者所要表达的客观内容，保证语言条理清楚、内容准确，要求使用较强的专业性和实用性语言进行英语表达。在进行科技英语翻译的过程中，一定要保证以上翻译特点，使翻译的文章能够尽可能忠实和准确，能够突出原作者的思想观念以及风格特点等。汉语和英语本身就是两种不同类型的语言体系，其在行文习惯以及使用修辞方式和词语表达方面都存在一定的差别。一般情况下，英语科学技术类文章结构严谨，且具有较强的逻辑性，保证上下文之间比较通顺。在科技英语翻译过程中经常会出现词语替代等情况，这些都需要翻译工作人员能够具有一定专业英语知识以及词汇量，保证熟练使用科学技术语言。所以，科技英语翻译人员应该全面了解科技英语翻译理论和相关实践知识，掌握翻译英语中的技巧和规律，在英语和汉语中进行熟练应用和转化，注重观察词语词性变化和在句子中的逻辑关系，关注原文文体特点和词汇语法，这样最终翻译出来的科技英语文章才能够将科技知识和行文脉络理清，将意思传达清楚。

一、翻译理论和实践之间关系

现阶段在很多领域里由于各个国家之间的语言差异，都会通过采取翻译工作来进行研究和发展。翻译其实是一种能够打破语言障碍，从而进行文化交流和社会交际的行为。翻译工作人员在进行翻译过程中，不仅仅是对语言的转换，还应该能够反映出不同类型社会的特征文化的转换方式。该领域相关专家认为翻译是和语言学相对应的一门科学，主要是在语言基础上建立一个对等关系，关键问题是要找到对等项，保证在翻译过程中其中心任务是能够有效界定翻译中的本质和条件。因此，翻译理论能够直接作用于应用理论，应用翻译理论充当了翻译理论和实践之间的桥梁。所以在翻译理论和实践之间应该让读者有效地接受这些知识，尽量要转变在原文中的语法结构，找到语言中对等关系，适应科技翻译工作需要。这也在一定程度上说明翻译理论是在整体上或者是宏观上指导翻译工作的实践活动。另外，由于翻译理论和翻译实践是相互制约的关系，所有翻译实践离不开翻译理论的指导，翻译理论也缺少不了翻译实践的经验。

翻译工作在很多年以前就开始兴起，并在这样漫长的历史过程中汇总，不管是在西方国家还是在我们国家，人们一直专注于研究翻译理论与翻译实践之间的关系。在西方发达国家，有很多著名翻译人员提出了很多翻译理论和实践研究活动，制定了翻译标准。同时期在我们国家，翻译理论标准是“信达雅”，在经过后期多次地研究和分析之后，得出了忠实和通顺两种翻译标准。从翻译理论上来说，其翻译标准都是在实践基础上找到等值成分的，主要是在理论上能够和作者之间的思想以及观念进行联系，能够在一定程度上将原作内容表达出来，不能够让原意有任何篡改的情况，应该符合作者思想情感，符合现阶段语言规范和要求，不能够进行直接翻译，尽量减少文理不通、结构混乱等现象出现。所以，翻译理论和实践是相互联系的，需要翻译工作人员对专业知识的重视。总结起来说，如果翻译工作没有翻译理论作为指导，那么就会使翻译任务变得困难，不能够得到很好的解决。如果翻译理论没有翻译实践作为经验，那么理论就难以得到完善。

二、文体特点和句法结构

（一）文体特点

目前英文科技文献经常使用的文体可以分为论述文体和应用文体两个部分。其中论述文体包括一些书面的语言，要求在结构上保持严谨，在论证上能够客观和公正，使所要表达的中心思想明确，具有较强的逻辑性。翻译的过程中，能够通过对原文中英语语法理解和句子结构之间的关系进行研究，有效理解原文意思，对原文相关学科专业英语进行了解和学习，并且能够弄清楚需要的词汇在相应学科中的特定意义。最后一定要根据汉语中的表达习惯对翻译文章进行整理，在译文中要求语言尽量规范，内容保持贴切，形成和原文中风格一致的内容。

需要说明的是，在专业领域中应用文体经常会有科普类应用文体和相应指示类应用文体。其中科普类应用文体一般具有知识性和趣味性，能够吸引读者注意力，在写作的时候能够灵活使用词语，保证词语和句子具有一定的感情色彩。所以在进行科技英语翻译过程中，也应该具有以上词语灵活使用以及趣味性和感情色彩等特点。而指示应用类文体由于自身用词比较精炼和简短，其多用于文章使用顺序的叙述等，所以在进行该类文章翻译的时候，也应该积极地遵守以上这些特点，使用精炼的汉语和简短的句式进行翻译，保证作品本身的特点。

（二）句法结构

目前英语科技文献在进行撰写时多数会在行文句法中使用不同于其他文体的句法，并且物称多于人称。物称主要是指以没有生命特征的物体作为主语，而人称指的是以有生命特征的物体作为主语，其大部分指人类。其比较重要的特点是，大多数情况下都会使用被动语态，在阐述客观真理时，一般情况下不需要使用动作的主动者，而是通过被动的形式叙述一些客观事实，来完成对内容的阐述。这是科技英语文献中常常使用的词语句式结构。现阶段科技英语中名词化结构使用频率较高，并且在英语整个语言体系中都是按照一定的语法以及句子模式来进行阐述。在翻译成汉语之后可能会增加原文英语句子中的动词，这种情况就应该在英语科技文章中使用动作性结构名词进行结构表达，在翻译成汉语时，也应该将名词有效转化成为动词，这样才符合大多数翻译文章的要求。

三、原文理解和译文表达

（一）原文理解

翻译工作人员要求能够对原文进行理解，对于英语科技文章的理解主要是通过结合上下文进行，针对整个文章中句子的难易程度，或者是对一整个段落和一篇文章进行理解。这主要指的是一种语言现象和逻辑关系，需要通过一定的语境进行分析和研究。由于各个国家之间的文化差异，比如我国比较注重具体思维模式，而一些西方发达国家则更加地注重抽象思维模式，这就导致了两个国家之间文字表达方式的不同。在翻译科技英文文献时，常常会出现抽象表达，但是汉语汇总却缺少相应的翻译内容，并且在词语的翻译上也没有形态变化，词语和单词之间的使用也存在着不同。英语文献中更加注重语法句子模式，而汉语文献中则更加注重语义型的句子模式。

所以为了保证所翻译出的科技文献能够更加忠实于原文，保证作者思想观念以及论证风格，则需要对作者作品进行关注和研究，深刻理解作者创作作品的中心思想。在翻译技巧上要了解英汉词语搭配以及表达习惯之间的关系，不能出现一些含糊的词语。因为一般的文献阅读人员都会注重研究作者思想观念，而一般翻译人员在翻译的时候都会改变原来作品的思想，这就会使翻译工作效果大打折扣。

（二）译文表达

翻译人员在进行译文表达时一定要重视专业术语词义在文中的语境关系以及和上下文之间关系等，因为文章思想不同，词义也会出现一些变化。

1. 译文中出现的多词一义的情况

英语使用人非常喜欢语言变化，其会让句子中句型和结构出现变化，还会让词汇出现多种含义，针对同一概念的事务和行为或者是状态都会出现不同的词汇。所以在翻译科技英语文献时一定要注意其内部经常出现的同义结构替换的情况，经常会在一些比较严谨的科技文献中出现，但是汉语科技文献中对于统一的概念事务，则基本上都使用同一个词汇进行表达，不会出现变换的情况，主要是为了表达上的准确性。翻译人员应该了解这一问题，这是英语和汉语科技文献中表达上的差异，在翻译中就有可能出现一些词义不同的错误，最终导致文章中出现概念模糊情况。

2. 译文中出现一词多义的情况

在对科技英语文献进行翻译时，常常会由于一些词汇处理出现问题导致翻译不当的情况，并且很多事实都证明翻译科技文献容易使人“不专业”。在这样翻译情况下，由于翻译人员经常会阐述一些问题，并且在很多其他翻译中也出现过这种问题，导致人们不能够明晰文章的思想。所以在选择翻译词语的时候一定要保证所使用的词语都能够和原文意思保持一致，最终能够使翻译的句子和原文意思准确符合。但是在翻译过程中容易出现一些不符合文章思想的词语和句子段落，这就是由于科技英语翻译中的常用词误译，其经常出现在科技英语文献翻译中，主要是由于英语词义比较灵活，和上下文之间关系比较密切，所以每一个词汇中的含义都要根据具体的语境进行分析和研究，不能够单独地看某一个单词。

3. 翻译中词义的引申

一般情况下翻译人员都会在科技英语翻译中使用一些直译词语和句子来忠实原文。但实际上是一种认知上的偏差。英语和汉语进行互相翻译时有着一定的变化，在语言结构以及表达上有异同，一般情况下都能够使用直接翻译的形式，但是有时也需要在词典上进行词义翻译，而如果在词典上不能够找到相应词义，那么就会导致译文出现含糊不清的情况，让读者难以理解。这时就需要根据上下文语境对原文进行分析，引申出符合原文的句子和词语，选择符合文献的文体进行表达，使句子的含义更加清楚。

综上所述，科技英语翻译是一门技术科学，其需要翻译人员对科技英语进行研究，并且要结合一定的理论实践，总结经验。所以，要做好科技英语翻译工作，需要不断地进行研究探索，了解不同国家和地区之间的文化，找到其之间的异同点，并且有效地应用到科技英语翻译中去。做到从多方面去结合翻译理论和翻译实践之间关系进行研究和分析，做好科技英语翻译这项工作。

第四节　英语习语的翻译理论和实践研究

英语作为国际通用语言，具有大量的短语和习语。在漫长的习语发展历程中，逐渐形成了以固定句子和短语为主的习语表现形式。习语包含浓郁的地域特征和民族色彩，对习语的翻译会影响译文质量。因此，本节主要将地域历史和民族文化作为切入点，来探究英语习语翻译理论和实践。

一、英语习语的翻译理论与主要特征

（一）英语习语的翻译理论

英语习语根据不同的交际功用，可以分为表明态度、传达情感和表达愿望等种类。根据英语习语的不同主题，语言学家又将其分为神话、宗教、家庭、教育、文艺和医学等多个种类。这些根据字面含义的习语分类，主要为了表达不同地域的生活与生存经验。随着语言学理论结构的不断完善，各专家学者开始使用现代语言学的研究方式，进行习语语言内容与形式的研究活动。但这种依赖语义和词汇的习语翻译方式，并不能满足深层次的习语翻译要求。因此，语言学家逐渐使用含义转换的方式，来进行习语句法与结构的深层翻译研究。当前，在英语习语的翻译研究方面，主要包括单词、短语和句子等三方面内容。其中短语和句子在英语习语中所占比例较大，短语和句子的词汇结构、语义也更加复杂。近年来，在英语习语翻译方面，开始重视习语功用与文化内涵的研究。英语习语作为区域文化的主要表现形式，其能反映不同地域的社会形态与文化内涵。而且在语言交际活动中，英语习语的表达也能提升个人的文化素养与品位。因此，在英语习语的理论研究中，应重视习语的功用、交际和文化语境等内容。

（二）英语习语的主要特征

英语习语与成语较为相似，也具有不透明性、综合性和稳定性的特征。不透明性指的是英语习语的不可预测，其含义不能从字面的意思进行解释。例如，“I get a kick out of You”，汉语直译为“踢水桶”。Kick 是用脚踢的意思，不管是人或马的脚，被踢的人一般来说是会感到很痛，但这句话真正含义却恰恰相反。这句习语真正意思为“你的感情使我感到快乐和激动”，但其并不仅仅和爱情联系在一起，而是指任何产生快乐的感情。因此，某些英语习语的含义，与单词本身的意思关系不大，但有时也会与单词的意思相近。英语习语的另一个特征是在社会生活各个方面使用非常广泛。英语习语主要来源于社会生活，普通民众在生产实践中，创造了一系列习语。“as cool as a cucumber”源于美国社会的习语，从字面意思翻译来看为“像黄瓜一样凉爽”，但真正的含义为“泰然自若、冷静和放松”。最后，习语的结构比成语和非习语更具有稳定性。一个习语的词序不能被随意改变，即使这个修改可以转换为更加完美的语法。例如，“A force”与“A stone”有着不同的意思，虽然对词语的修改并不违背语法规则，从英语习语翻译上是不被允许的。

二、英语习语翻译中的文化内涵与词汇空缺

（一）英语习语翻译中的文化内涵

文化是社会信仰与实践的产物，所以，英语习语主要起到信仰表达和语言传递的功能。任何一种惯用的表达方式，都是从其特定文化中不断演变而来的。虽然部分习语看起来会有些古怪而不合逻辑，但其背后承载着文化与历史的变迁。

（二）英语习语翻译的词汇空缺

不同文化词汇有着不同的文化内涵，有些表面看似相近的词语，可能包含着不同的内涵表达。最为显著的词汇空缺为“Dragon”（西方的龙），西方的龙与中国龙（long）存在本质区别。Dragon 是长着双翼类似于蝙蝠或蜥蜴的怪物，其能够喷出火焰来对人类造成伤害，还喜欢盗取财宝和居住在洞穴中。而 long 是与白虎、朱雀、玄武并称的“四大神兽”，长着鹿一样的角、骆驼一样的头、兔子一样的眼、蛇一样的脖子和鱼一样的鳞片，是吉祥与帝王的象征。译者在“龙的传人”翻译中，常常会用其字面意思翻译“Dragon’s descendants”，但由于中英文读者之间的文化差异，“long”这一形象没有对应的词，因此，在翻译中会存在文化内涵的缺失甚至扭曲。

三、英语习语翻译的实践问题

（一）直译加解释的习语翻译

直译是最为简单直白的英语习语翻译方式，是将源语言直接转换为目的语。但由于英语习语的历史与文化含义，大多数情况下不能使用直译，或者需要在直译基础上添加相应的解释。而且要保证英文与中文之间语义的对等，例如，“All Roads Lead to Rome”译为“条条大路通罗马”，这一翻译形象表明了习语的真正含义，所以，不需要添加其他注解。如“an eye for an eye”这种具有文化内涵的习语，就要在直译的基础上加入注释。“an eye for an eye”出自《圣经 · 申命记》，摩西发布的法令：“a tooth for a tooth，a hand for a hand and a foot for a foot”。翻译为“以眼还眼，以牙还牙，以手还手”，这里需要添加注释“以其人之道还治其人之身”，以避免引起读者的误解。

（二）意译的习语翻译

在英语习语翻译中，在无法找到对应表达词的情况下，使用意译的翻译方法进行习语

翻译。意译不需要保留原有习语的表达方式，而需要翻译出英语习语背后的引申含义。

（三）套译的习语翻译

套译与直译、意译和音译均不相同，其主要使用汉语中存在的替代词，对英语习语的含义进行套用。套译词与英语习语有着相同的意思，但两者在内容表达方面会存在微小的差别。geometry（几何学）、Operational Research（运筹学）和 state（州）等，都属于套译的英语翻译方式。套译习语翻译的主要例子有："Courtesy cost nothing" 被译为"礼多人不怪"，其中"Courtesy"（礼貌）与儒家的"礼"有着相近的含义。"Man proposes，God dispose." 被译为"谋事在人，成事在天"，其中"God"（神，上帝）与我国的"天"有着相同的寓意，因此，可以使用套译的翻译方式进行翻译。

英语短语或短句要想成为习语，必须经历复杂的被证明过程，而且要符合习语的相应特征。对于英语习语的翻译实践，需要针对不同习语的本身含义与文化内涵，选择恰当的习语翻译方式进行翻译。同时要兼顾目的语读者的文化习惯，对英语习语进行适当的修改与变形，做出符合词语内在含义的翻译表达。

第五节　新时代审计英语的要求与翻译实践

在世界范围内，审计与经济社会的发展一直存在紧密关联，审计能够在人的主观行为中对经济活动进行客观分析和研判，从中发现存在的问题及其成因。尤其在"一带一路"倡议的推动下，越来越多的企业参与到了国际化、全球化的经济活动中，涉外审计业务越来越频繁。包括会计师事务所、企业等在内的诸多社会组织，无论是经营自主权还是组织活力均有了前所未有的增强。在此背景下，为了确保更多的社会组织能够在全球化的世界中经济业务更加顺利、发展模式更加健康，一方面要强化涉外经济业务中审计实践的介入，另一方面要充分考虑东西方语言文化与思维的差异，防止在审计实践中出现不必要的交际障碍与审计失误。更为重要的是，审计实践中要强化审计翻译工作地位。审计人员不但要注重审计英语的词汇术语化、句法结构复杂化和语义表达客观化的特征，还应充分尊重审计英语的语言特点，在充分考虑英汉句法结构差异与共性的同时，借助多种翻译工具加以处理。因此，为了避免审计人员在和审计对象进行交际时出现障碍及失误，本节以新时代审计英语的要求为出发点，探讨审计英语的翻译实践问题。

一、新时代审计英语的基本特征

在专业英语翻译实践中，一般要对词汇、长句以及被动句等给予"特殊关注"，以便更好地解决汉译中出现的典型问题。在新时代，虽然审计英语使用特征与翻译原则并没有出现较大变化，但随着我国涉外审计业务持续增多，审计人员和审计对象之间的沟通难度越来越大。因此，有必要在审计英语应用和翻译领域做出更多努力：在充分尊重审计英语语言特征的前提下，对翻译工作进行全面分析，消除英汉句法结构差异，体现两者的共性。

在审计英语的实践当中，语言翻译的独立性被认为是最基本的属性。因此，要确保翻译内容具有独立性与公正性，一般很少以第一人称以及第二人称完成语义表达，这样做的目的在于尽量消减翻译人员的主观判断，确保翻译内容更加公正和客观。比如，在审计英语翻译过程中，与审计业务有关的词汇以主语的身份出现时，翻译工作就要特别注意。除此之外，还应关注审计英语翻译的语义关系，尤其是翻译词汇之被动性，以确保翻译内容更加科学。在当下，审计英语翻译需要充分考虑翻译环境的特殊性，对于高频率出现的词汇要尽量避免被动性语态的应用以及审计行为过程中执行者的参与，借此让语义表达更加客观，最大限度地展现语义表达和词语的形容性特征。为了使审计英语翻译更加有效，还要注意：审计英语文本形式一般存在于审计法案条例和书面报告当中，因其内容具有较强的专业性，要求翻译人员要特别关注词义表达内的措辞问题，以确保审计英语和法律内容保持一定的关联，让翻译更具专业性。在审计英语翻译过程中，经常出现和法律审计有关的专业语言。比如，对于出现的 client 等词语，在翻译当中就要特别注意审计专业词汇和法律专有词汇间的联系，既要提升其专业性，还应确保词语翻译之准确性。更为重要的是，在审计实践中，审计翻译的有关内容一般还会和部分经济活动保持联系。因此，翻译人员要注意英语词语可能涉及的经济学和管理学等内容，以便在进行和经济学有关文章的翻译时，能够对出现的 bearer（翻译为“持票人”）等给出正确的解释。

二、新时代审计英语翻译的要求

审计英语翻译的目的在于将英语视作平台，完成对审计理论和审计方法的应用与传播，让审计实践，尤其是涉外审计实践在更加广阔的空间内得到推进 [2]。在这一过程中，审计人员要进一步认识到，审计英语是一门具有特殊用途的英语，更要对这类英语和其他专门英语之间的显著差异进行研判，以便在国际审计工作中与审计对象开展积极沟通与谈判。

（一）强化术语 + 合理借鉴

在审计英语翻译过程中，翻译工作需要借助固定翻译方法，也就是通过直译的形式提升翻译质量。要实现这一点，就需要在强化术语的同时对翻译技巧进行合理借鉴。在翻译审计术语的过程中，还应借助固定翻译模式，以便让翻译内容不受审计语境的制约。否则，翻译工作势必会受到审计英语自身的影响，且这类现象还能够给特定语境设计带来制约。所以，在翻译实践中，还应该借助特定语言资源，对专业语句展开分析，在充分结合上下文内容的同时开展翻译工作。更为重要的是，翻译人员需要总结和借鉴翻译经验，比如可以经常浏览翻译网站或者词典查询有关内容和翻译技巧，也可按照自身翻译经验对审计英语翻译进行总结，以保证翻译工作更加顺利，达到更为理想的翻译效果。

（二）队伍建设 + 能力提升

随着全球经济一体化进程持续加深，国际审计实践表现出多元化的特征。英语是世界级的语言，在跨国审计实践体系内的应用越来越深入，审计信息的传播也更加畅通。尤其对涉外企业来说，其业务项目运作中的专业审计人才成为越来越重要的资源。为此，在审计英语翻译过程中，就需要以保证翻译人员的专业性为前提，有针对性地进行审计英语专业人才的培养和教育工作，借此搭建更为理想和高效的审计人才群体，为完成更多审计英语翻译任务奠定人才基础。

（三）信息客观 + 措辞专业

在运用审计英语的过程中，因其词汇正式、用词严谨和正规，要求翻译工作要做到词意准确。在文体层面上，审计英语是作为一种正式语域变体出现的，很多都与严肃的法律条文直接相关。所以，在翻译实践中，“准确”之标准不但要在词义、句义等视角获得满足，保证“信息精准”，还应充分考虑文本自身能够传递出的文体信息，达到“措辞专业”的目的。为此，在新时代，审计机关需要针对审计事项向政府部门进行通报，按照审计结果和审计意见完成后续的工作。比如，审计英语翻译出现的“announce”一词，其原意为“宣布或者宣告”。可是，当其出现在审计文本内，就应重点考虑此类文体在文内之语境，将其翻译为“通报”不但与审计法案之用语相符合，还可以准确地体现“审计单位”与“社会组织”的内部关系。

（四）表达准确 + 结构完整

“准确”的标准指的是努力实现等值翻译之最佳状态，“通顺”的标准在于提升翻译所要表达意思的清晰水平与完整状态。因此，在审计英语翻译过程中，应该充分分析汉语句子特征与表达偏好。比如，在翻译“Audit decisions made by audit institutions shall be implemented by the audited bodies”时，“made by audit institutions”被视为“audit decisions”之后置定语。因为汉语中很少出现所谓的后置定语用法，所以在翻译时，这一后置定语需要进行结构方面的调整，使之与汉语之表达习惯相符合。此外，审计英语偏重被动语态，汉语则更加注重主动语态，在审计英语翻译过程中需要对此有所考虑，让翻译过来的文本更为通顺。

三、新时代审计英语的翻译实践

对审计翻译来说，其基本要求为准确和通顺。因此，在充分结合审计语言之特征与审计工作本身特点的基础上，新时代的审计英语翻译需要把审计翻译和审计信息加以整合，确保审计英语翻译成果更为真实和客观。同时，在审计英语翻译当中，需要破除翻译内容的限制，以便能够在现实场景中让审计英语得到最大限度的还原，为审计英语翻译质量提升提供更多保障。

（一）长句翻译

在审计英语翻译过程中，应依据英语内容之叙述展开，并按照汉语的表达习惯开展翻译工作。其中，对翻译中出现的名词后置问题，应该予以微调处理，将后置定语进行前置，使之以名词形式出现，以此获得更为理想的翻译结果。审计英语中的并列语句通常借助“and”与“while”加以衔接，前者意为并列，而后者就是对比，借助的方法都属于顺序直译的范畴。例如，对于审计人员的回避，应由审计机关负责人确定；而审计组织负责人的回避，要通过本级政府和上级审计机关负责人确定。在开展翻译时，就应该特别注意此类问题。

（二）ESP 翻译

在审计英语翻译当中，为了达到更加高效传递审计信息之目的，更加真实地反映审计英语翻译的内容，就需要从审计英语的本质要求出发，根据实际情况优化其形式，并在翻译实践中尽量保留审计英语的原本含义。审计英语被认为是带有专业目的的英语（ESP），因此需要在既定应用范围内被特定的社会群体所接受。为了实现这一点，就需要对日常用语的词义进行分析和研判，以防止审计英语之词义出现改变却按照原来的意思进行翻译，防止出现无法适应特定对象与特定场景的问题。相反，需要按照审计英语的表面意思开展翻译工作，以便让翻译结果能够更加准确地传达和审计有关的信息。

（三）词汇翻译

对审计英语中的词汇，翻译工作者需要将专业用法与之相结合，使之能够更好地体现文体特征和语境信息。这是因为，一词多义现象在审计英语翻译中十分常见，而一旦于审计文本以及语境内出现，其专业属性就会让此类词汇之意义表现出排斥性，因此翻译过程中需要充分考虑其特定又固定的用法，借此排除词汇本身之含义。此外，词汇之特殊含义一般有很多类似的表述，可是词汇表述能够排斥其他类似义项的选用。因此，审计词汇之同义义项以及近似义项之选择往往带有专业属性。比如“current”具有“目前的、现行的”以及“通用的、流行的”意思，可是在“current account”以及“current assets”中时，鉴于审计文本的语境，“current”就应被译作“活期（存款账户）”或者“流动（资产）”。

（四）被动语态翻译

在审计英语翻译当中，翻译人员需要具有较为扎实的审计专业知识储备和较高的审计水平。同时，为了适应瞬息万变的审计场景，从事审计英语翻译的人员需要更为广泛和深入地阅读与审计相关的诸多文献，在持续熟悉翻译实践与审计英语特点的过程中，确保译文更为科学与合理，使其让审计主体和审计客体均可以接受。其中，在审计翻译当中，部分被动语态之使用需要符合审计英语独立性与客观性的特点。比如，动作主体需要通过“by”引出，以确保语义可以更为清晰和明确 [1]。

---

[1] 何自然 . 语用学十二讲 [M]. 上海：华东师范大学出版社 .2011.

第六节　典籍翻译理论与英语教学实践

中国文学典籍是中国五千年文明历史的集中体现，在当今世界各国文化交流日益频繁的背景下，典籍的英译对传播中国传统文化、提升中国文化软实力和实现“文化走出去”的国家策略无疑有重要的意义。但同时我国典籍翻译又面临巨大的挑战。本节通过探讨我国典籍翻译存在的问题，并研究解决的方案即与教育教学相结合，并采取科学有效的教学方法，以培养功底深厚的典籍翻译人才，促进典籍翻译事业的发展。

一、典籍翻译理论的介绍

中国文学典籍是中国五千年文明历史的集中体现，当今世界各国文化交流日益频繁，典籍的英译对推广中国古典学术知识、阐释中国的崭新形象有着重要的意义。近年来典籍翻译受到了国内外学者的热烈关注，不过，在这股热潮中，很多学者依然看到了典籍英译中存在的两个问题，那就是翻译理论与实践脱节和典籍翻译人才的极大缺乏。而造成这一现象的根本原因是典籍英译这项事业并未与教育教学进行深度的结合。

本节的研究目的是通过探讨典籍英译面临的问题进而找到解决的策略，即重视典籍英译教学，采取科学的教学方法，以促进典籍翻译事业的发展，促进中国古典文化的对外传播，提升中国文化的软实力。

二、典籍翻译面临的问题

（一）翻译理论与实践脱节

目前，在中国的典籍英译界，理论与实践的脱节现象仍然比较严重。汪榕培教授曾在《典籍英译研究》（第 5 辑）的前言中指出：“从事中国典籍英译实践的人员多数不从事理论研究，他们对于翻译的见解多数见于译者前言或诗话式的片言只语之中。而从事理论研究的人员，则基本上不从事翻译实践，主要是把西方的翻译理论介绍到国内来。现在写翻译理论文章的作者还有一批是翻译专业的硕士研究生和博士研究生，他们没有翻译的实践，仅是照搬西方的某个理论，用来评论现有的翻译文本，难免有隔靴搔痒的感觉。”就理论探讨而言，译者在翻译文本时是追求“信”度还是追求“效”度，这涉及翻译方法、翻译标准、翻译策略、翻译原则与要求等。然而，目前我国学术界对典籍英译标准与策略的系统研究仍处于起步状态。

（二）翻译人才缺乏

目前我国的现状是，专门从事典籍翻译与相关研究的人员数量仍然相对较少。在 2004 年，国务院新闻办公室主任赵启正在参观中国翻译成就展后，在接受记者采访时指出：“我们向外国传递中国文化的力量确实还比较弱，这也包括我们的外语力量欠缺。在介绍中国方面，很多外国有需求的书需要我们译成外文或至少要将摘要译成外文才能走向市场。我们在国际图书市场上操作不力，表面上讲是我们对外供应意识不足，其实，深度原因是我们中译外的人才非常匮乏，可以说是凤毛麟角！”事实上，到目前为止中华文化的不少精华之作还没有被翻译介绍到国外，例如，《史记》《资治通鉴》和《徐霞客游记》都还没有全译本。另外，译者也正面临人员结构老化的严峻问题。翻译一部中国典籍旷日持久，然而，现在，我们国内几乎所有的高校，包括外语类的院校，几乎都不认可外语教师的翻译成果。同时出版社支付的稿酬也很微薄，这些现状使不少年轻学者望而却步，不愿意从事典籍英译的工作。并且目前我国多数从事典籍英译的资深专家已渐入高龄，而中青年人才又严重缺乏，出现了典籍英译者队伍断层的现象。

三、重视典籍翻译与教育教学的结合

面对目前国内典籍英译的现状，国家必须加强典籍英译与教育教学的结合。然而，有关典籍英译的教学似乎被学者们忽视了。尽管已经出版了许多相关的教材，但它们并没有被广泛应用，因为有许多翻译教学单位还没有开设相关典籍英译的课程。有关典籍英译教学方面的论文也比较少，甚至一些重要的议题也并未提及。因此，国家教育部门应加快在高校设置典籍翻译专业的进程，并研究采取科学的教学方法，以培养更多专业典籍翻译人才。典籍翻译专业课程的设立对于翻译教学的开展及翻译人才培养目标的实现具有重要作用，对国家“文化走出去”战略的实施具有重要意义。

（一）翻译理论建设与实践相结合

典籍翻译教学不仅要重视翻译实践也必须要加强翻译理论建设。事实证明，理论素养是翻译能力的重要组成部分，同时也是专业化知识必不可少的组成部分。翻译理论不仅有助于学生掌握一般和特定的翻译能力，而且有助于学生在整个专业生涯中保持和提升自己的翻译能力。因此，加强翻译实践的同时也必须重视学生的翻译理论建设。

要建设典籍英译理论体系，应该以描述性翻译研究、翻译转换研究，以翻译为目的的文本分析和基于语料库的翻译研究作为理论基础，四者相互联系，在逻辑方面互为依托，一起构筑典籍翻译理论建设的坚实底座。

描述性翻译包括三个研究方向，即产品研究、功能研究和过程研究。对要翻译产品的描述是理论建设的出发点，与此同时，为了研究典籍英译的规律，译者还要观察目的文本中源文本特征的转换结果，并推测这些特征在翻译过程中是如何被移植的。从这个意义上讲，翻译过程也是研究对象的过程。描述性翻译的功能不仅仅是对翻译实践进行观察和描述，更重要的是研究结果将被用来建立翻译原则和模式，即描述性翻译研究的结果最终将被用于翻译理论研究。

翻译转换研究可以简单地概括为把源语翻译到目的语中发生的细小变化。因此可以说，翻译转换概念的核心是“变化”或“差异”。而产生转换的根本原因取决于两个作者、两种语言和两种文学情境的差异。译者在使用翻译转换分析法前，必须明确其研究目的，从而确定描述何种类型的翻译转换。运用翻译转换进行翻译描述的时候，译者必须辨别源文本的独特特征，而这个工作就要借助以翻译为目的的文本分析来完成。

以翻译为目的的文本分析一般是指在实际翻译过程之前译者对源文本的各种特征进行的分析。大多数翻译理论家都认为，在进行典籍翻译之前译者只有通过对文本的分析才能确保全面、准确地理解和把握原文。

语料库的使用经常与翻译规范研究联系在一起，把语料库作为研究工具将会大大提升翻译规范性研究的深度、广度和准确度。在翻译研究中，语料库能真正做到分析数据化和定量化。并且，翻译语料库还允许译者进行定性分析。定量分析与定性分析的结合，为客观、科学的研究提供了必备条件。所以，构建典籍翻译的理论体系，译者可以采用自建典籍英汉小型平行语料库的方式。在使用的过程中，译者可以对源文本中的各种特征和目的文本中的翻译转换特征进行标注，用这种方法通过统计和分析，译者可以比较清楚、准确地确定典籍翻译中存在的翻译规范，进而建立典籍翻译的翻译原则和模式，并最终建立典籍翻译的理论体系。

因此，一方面教师要注重典籍翻译实践，在课堂上安排一些实践活动，使学生积累对翻译的感性认识。另一方面教师要重视理论建设，积极引导学生构建典籍翻译理论体系，以提高学生的典籍翻译能力。

（二）重视文、史、哲三科知识的互通性

在我国当前的学科体制下，所有的教育似乎都可以量化为客观的知识和能力，如翻译水平等级考试。事实上，翻译教学作为一种人文教育，它需要学生建立独立的人格意识、创造力和想象力，以形成健全的价值取向和判断能力。因为翻译不仅仅是一种语言到另一种语言的转换，而且译者也不仅仅是原作者的影子。翻译其实是一种艺术的再创造。对同一部中国典籍的英译，不同的译者有其翻译风格，再加上时代背景及政治因素对译者的影响，译文往往也带有意识形态和价值取向。一名合格的译者需要有良好的修养和同情心，高尚的个人趣味和情操，对个人、家庭、国家、天下有强烈的责任感，对人类的命运有勇敢的担当。以上这些素质是需要译者通过对文、史、哲三科的学习及通过对人类千百年积累下来的优秀成果的吸纳和认同逐渐形成。中国典籍翻译课程的特殊之处在于，学生进行翻译的材料都是古典名篇，所以对文、史、哲这三方面基本知识的要求更高。学生在做典籍翻译的过程中，困难大多不是来自怎样进行有效的双语转换，而是来自对源语篇的正确、标准的理解。

因此，在教学过程中，教师要加强对学生文、史、哲三科的培养，要求学生多读文、史、哲方面的优秀书籍。在教学方法上可采用“文化导入”式的方法，即教师适度对学生补充基本的文、史、哲常识，以此提升学生对经典文献的理解能力。学校要尽力为国家培养出更多专业优秀的典籍翻译人才，为弘扬中国传统文化做出贡献。

随着我国综合国力的不断增强，典籍翻译的需求量正在逐年加大。因此，我国需要进一步加强典籍翻译的学科建设，并逐步建立一支中英文造诣精湛、中西学识功底深厚的专业典籍翻译队伍和研究人员，将中华五千年文化的精华有计划、有系统地向世界传播。本节研究了我国典籍翻译的现状、目前面对的问题，并提出了解决的方案，即重视典籍翻译教学，采取科学的教学方法以培养出更多专业优秀的典籍翻译人才。同时希望本节所做的探讨能有益于国内典籍翻译的学科建设，也期待着更多有识之士能不畏艰险，投身到典籍翻译这一崇高而艰巨的事业之中。

第七节　文化建构与文化欠缺对英语翻译实践

在英语翻译中，翻译者不仅要掌握正确的英语语法知识，还要了解英语文化背景，才能够正确地翻译出英语中所表达的情感，以及具体的含义。所以，在英语翻译中要对文化欠缺的部分进行弥补，积极地对文化进行构建，以确保英语翻译的准确性。

一、文化缺失对英语翻译实践的影响

（一）语言表达不准确

在英语翻译实践中，文化缺失对其最明显的影响表现在语言表达的不准确。英语与汉语本身就属于不同的语系，翻译者不了解英语国家的文化背景、风俗习惯、交际礼仪等，就会使翻译的内容与实际内容存在很大的偏差。翻译者受到母语的影响，在学习英语的时候无论的发音还是对语法的掌握方面，都可能会出现一些问题。对英语进行翻译时，尽管能将基本的意思表达出来，但却很难诠释其内涵。比如，“dragon”代表龙的意思，在中国象征着吉祥、权威和高贵，而西方国家则认为龙代表着邪恶、狰狞、恶魔等，不了解中西方文化的差异，在翻译的时候可能导致翻译结果与实际意思完全相反。

（二）翻译方式错误

目前，大部分的英语翻译都采用的音译法，或者采用意译法，导致翻译的内容准确度不高，文化信息传递质量偏低。在翻译过程中，为尊重原作，翻译者会逐字逐句的翻译，在翻译的过程中不对语序进行调整，导致所传播的文化信息有所偏差。比如，将《老人与海》翻译成“The Old Man and the Sea”，这在内容与含义上无法保持一致性。

二、英语翻译中的文化构建

（一）对中西方文化进行融合

在对英语进行翻译时，翻译者应深刻地理解英语原作的内容及内涵，根据目标语的历史文化，结合实际的情况，将中西方文化进行深度融合，才能在翻译内容中表现出应有的文化内涵，达到比较好的翻译效果。比如，将“乱世佳人”翻译成“Gone with the wind”，将《笑傲江湖》翻译成“Sords man”等，这样能够保证内容与内涵上的一致性。在对这些作品名称进行翻译时，既要了解中国文化，又要了解英语文化，才能通过中西方文化的融合，提高翻译的精准度，达到比较完美的翻译效果。

（二）遵循英语翻译原则

英语的翻译标准是在长时间的实践中总结出来的，翻译者必须对其有充分的了解，才能够保证翻译的正确性。在英语翻译实践中，翻译者不仅要将字面上的意思准确地翻译出来，还要将原文的情感进行准确的传达，使译文的表达方式、翻译风格能够基本与原文保持一致，这样读者才能真正地理解译文的内容。比如，“亚洲四小龙”不能直接翻译成“Asian Four Dragons”，而应该翻译成“Asian Four Tigers”；blue 在中国文化中表示恬静淡雅的意思，但西方国家却认为蓝色代表着忧郁，所以在表达情绪比较低落的时候，要翻译成“in a blue mood”；红色在中国表示吉祥、喜庆等意思，但在西方国家却表示很血腥“bloody”的意思。在翻译的时候，要遵循目的语国家的语言习惯及英语翻译原则，以确保翻译的准确性。

（三）灵活选用翻译方式

根据翻译内容灵活地选择翻译方式，能够提高翻译质量。在英语翻译实践中，如果只采用一种翻译方式，必然会导致许多翻译错误或者不准确的地方。所以，要将多种翻译方式结合起来使用，以强化译文的理解力，诠释翻译文章的内涵。比如，对于“分明曲里愁云雨，似道萧萧郎不归”可采用模糊翻译的方式，翻译成“Its clear that the song is full of worry and sorrow. As if to complain that her lover has not yet return.”以这样的方式翻译古诗词，能够让西方国家的人更好地理解其中的含义，其中还采用了意译的方法，否则西方人在理解中国古诗词的时候很难真正理解其中的意思。

综上所述，文化欠缺会对英语翻译实践产生不利的影响，因此，在英语翻译实践中应注意文化的重构。在实践中，不仅要重视对中西方文化进行融合，遵循英语翻译原则，还要灵活选用翻译方式，既能传递文字表面意思，又能传递文化情感信息以达到最好的翻译效果。

第二章　文化语言学与当代中国的翻译教学

第一节　语言与文化研究的基本概念

一、关于文化

（一）文化的定义

文化（culture）一词来源于西方，源自拉丁语的 cultura，含有“神明”“崇拜”“耕神”“练习”“动植物培育”及“精神修养”等意思，这表明：文化实际上是以人为中心的生产实践和社会实践的成果。18 世纪以后，“文化”在西方语言中演化成个人的素养、整个社会的知识、思想方面的成就、艺术和学术作品的汇集，并被引申为一定时代、一定地区的全部社会生活内容。随着 19 世纪下半叶人类学、文化学、社会学等学科的兴起，文化问题才得到学者的关注，并得到广泛的研究，在此之前是文化的“前科学”状态。

最早对文化做出定义的学者是英国人类学家泰勒，他在《原始文化》一书中指出：“文化，或文明，就其广泛的民族学意义来说，是包括全部的知识、信仰、艺术、道德、法律、风俗以及作为社会成员的人所掌握和接受的任何其他的才能和习惯的复合体”。之后人们相继对文化下的定义林林总总有数百种。

对于文化的种类，不同学者有不同的看法。有的学者将所有的文化归为两类，一类是大写的文化，一类是小写的文化。大写的文化指人类文明的各个方面，包括文学、艺术、音乐、建筑、哲学、科学技术成就等；小写的文化包括人们的风俗习惯、生活方式、行为准则、社会组织、相互关系等，即把文化看作一系列特征。

有的学者则将文化分为三类。戚雨村将文化划分为三个层次：物质文化（通过实物产品形式表现，包括建筑物、服饰、食品、用品和工具等）；制度和习俗文化（通过社会规范和行为准则的形式表现，包括制度、法规及相应的设施和风俗习惯等）；精神文化（通过思维活动和思维活动的产品表现，包括价值观念、思维方式、审美趣味、道德情操、宗教信仰，以及哲学、科学、文学艺术方面的成就和产品）。胡文仲和高一虹将文化同样分为三层：“第一个层次是物质文化，它是经过人的主观意志加工改造过的。第二个层次是制度文化，主要包括政治及经济制度、法律、文艺作品、人际关系、习惯行为等。第三个层次是心理层次，或称观念文化，包括人的价值观念、思维方式、审美情趣、道德情操、宗教感情和民族心理等”。赵爱国和姜雅明则将文化分为物质文化、关系文化和精神文化，其中关系文化是指人们在文化的创造、占有或享受过程中所结成的各种社会关系，如生产关系、经济关系、民族关系、国际关系等，其核心是人和人的关系，也包括为维护这些关系而建立的各种组织形式和与之相适应的各种制度——生活制度、社会制度、家庭制度等。

还有的学者将文化分为四类。马林诺夫斯基在《文化论》中把文化划分为物质文化、精神文化、语言和社会组织等四种类型。司马云杰在《文化社会学》中，根据人类与自然的关系和人类与社会的关系，把文化分为两大类、四小类：第一类文化指人类在认识、改造、适应和控制自然界的过程中所取得的成果，这一类中包括智能文化和物质文化；第二类文化指认识、改造、适应、控制社会环境所取得的成果，这类文化包括规范文化和精神文化。刘守华在《文化学通论》中将文化分为物质文化、制度文化、行为文化和精神文化。物质文化包括人类加工自然创制的各种器具，是可触知的具有物质实体的文化事物，即人们的物质生产活动方式和产品的总和，是构成整个文化的基础；制度文化是由人类在社会实践中组建的各种行为规范、准则以及各种组织形式所构成；行为文化主要由人类在社会实践中尤其是在人际交往中以约定俗成方式构成的行为规范——风俗习惯来体现；精神文化是由人类在社会实践和意识活动中长期育化出来的价值观念、思维方式、道德情操、审美趣味、宗教感情、民族性格等因素所构成，是文化整体的核心部分[1]。

纵观以上各位学者对文化的理解，文化至少包含物质文化和精神文化，物质文化位于最表层，精神文化则渗透到人的思想、行为的深层。“简而言之，文化是指一个民族的全部生活方式，它不仅包括城市、组织学校等物质的东西，也包括家庭模式、语言等非物质的东西”。文化是“人们所思、所言（言语和非言语）、所为、所觉得总和”。

（二）文化的特征

1. 文化的共性

人类共同居住在同一个世界，这个世界拥有相同的春华秋实、草长莺飞、阴晴冷暖、日夜消长，不同文化的人们经历过并正在经历生老病死、喜怒哀乐、悲欢离合、爱恨离愁。不同的文化存在相当程度上的共性特征，这些特征不取决于地理位置、社会形态、自然环境，而属于整个人类，这就为不同文化的个体能够理解彼此提供了可能。

首先，尽管全世界的人类分为不同的种族、民族，但他们都具有相同的人体结构，这就为文化的共性特征提供了共同的生理基础。这种相似的生理特征和感觉功能决定了人类都以维持自身的生存和繁衍为最终目标，而且在具有类似情绪或心理状态时具有相似的表现方式：碰到喜事时会笑，碰到不如意的事情时面部表情会严肃；当与说话人关系亲密时距离较近，关系疏远时距离较远等。

其次，全世界的文化都经历了由低级到高级、由蒙昧到文明的过程，在此过程中人类

[1] 张敏．“互联网 +”环境下大学英语翻译教学模式创新研究 [J]. 国际公关 ,2019(09):41-43.

社会的道德约束、规范机制起到了关键性的作用，这为文化共性特征的形成提供了历史基础。全人类都处于各自的社会规约中，都认为符合全民道德准则的行为和现象就是真的、善的和美的，阻碍了社会发展的行为和现象是假的、恶的和丑的。而且在一定历史阶段出现过的观念会保留在许多文化当中，如对神明的崇拜、对不可抗力的畏惧等。

2. 文化的个性

与此同时，文化还具有个性。“每一种文化都以原始的力量从它的土生土壤中勃兴起来，都在它的整个生活期中坚实地和那土生土壤联系着；每一种文化都把自己的影像印在它的材料即它的人类身上；每一种文化各自有自己的观念，自己的情欲，自己的生活、愿望和感情，自己的死亡”。人们按照有利于自己生存的原则来改造世界，并进行文化创造，由于所处的自然环境和历史条件的不同，人们改造自然的具体方式是不尽相同的。人类对不同地理和生存环境的适应，导致了文化具有鲜明的地域特征和独特的历史积淀，从而产生了不同民族、不同地域、不同历史的文化特殊性，体现为文化的个性。一个民族具有本民族所特有的思维方式、行为规范、处世原则、生活态度，以及特有的民族性格、心理特征、价值观念，具有独特的民族精神文化。

文化的共性和个性是同时存在的，承认个性是实现不同民族交往的关键。文化间的相互交流和取长补短，是当今世界的主题和今后的必然趋势，为此，必须在充分理解文化共性的基础上，深入挖掘各个民族文化的个性所在，并探索出跨文化交际过程中克服这些差异的途径。

3. 文化的动态性

从历史的角度来看，一个民族的文化并非一成不变，文化的内容和形式始终处于不断的发展变化当中。不同时代物质生产水平不同，制度、风俗、艺术、心理、价值观念也各不相同。文化始于无意识，而后取得了很大的明确性和肯定性，之后又扩展到其他的行为。随着时代的发展，新的历史时期具有新的生产力水平，原有的文化会被新的文化要素所取代。“每一种文化都有它自我表现的新的可能，从发生到成熟，再到衰老，永不复返。”在文化发展的进程中，原有文化被新的元素代替的同时，还有一部分会被继承下来。原有文化为新文化的建立、发展起到了一定作用，一个社会团体的文化总是保持相对的稳定性，这种文化通过各种方式被人们世代传承下来。因此文化是一种历史现象，它是历史的积淀物。历史衍生及选择的传统观念，尤其是世界观、价值观等文化核心成分，会深深镌刻在一辈辈人的意识深处，决定着他们的思维、行为方式、言语交际。例如，社会制度的变革会影响社会生活的方方面面，也自然会影响到人们看待问题的方法，影响到人们的价值取向，影响到时代的文化，但有一些文化特质是不会随着政治变革发生改变的，属于该民族文化的恒定部分。中国有着悠久的封建统治的历史，而今社会制度发生了根本的改变，原有的“君君臣臣”“父父子子”“三纲五常”之类代表了封建时期的文化，虽然失去了当时的地位和影响力，但中国人崇尚道德、礼仪和卑己尊人的传统文化却世代流传。

4. 文化的符号性

文化的基本要素是符号，人类斑斓的文化世界是由符号构成的，符号承载着民族文化景观，成为文化的基础，更是人类文化传承、交流的基本手段。

文化具有符号性（symbolism），文化领域的相关概念通过符号联系起来，而这种联系的基础是社会的共同约定。符号是社会化的意义载体，符号的这种功能是通过人们对不同地域、不同时段文化对象相似性的抽象归纳实现的。用于表征文化的符号具有物质性，能够通过感观被体验。符号代表的意义不仅是关于符号本身的，而且是关于文化过程和文化关系的，符号与符号之间有着某些共同的意义成分，并构筑了强大的文化意义网络。符号背后的文化意义存在于每一个文化参与者的脑海中，是社会化的人在生活实践中通过一系列认识活动获得的。之所以说符号具有社会性，是由于符号是具有社会参与意义的实体，每个符号与其他符号共有的文化意义是维护社会构成和通过约定俗成操作的符号网络的基础。

文化的符号性在人类文化的产生和发展中始终起到重要的作用，文化的符号性概念在人类学和文化理论领域都占有至关重要的地位。

二、语言与文化

（一）不同学派的不同认识

不同语言学派对语言和文化间的关系存在不同认识，有的将语言与文化割裂开来，认为文化不是语言学家所应关注的内容，如结构语言学、转换生成学派等；还有一些学派认为，语言反映了文化，文化体现在语言当中，文化因素是语言研究所必须考虑的问题，持这种观点的学派包括文化语言学、认知语言学、社会语言学等。

1. 语言与文化割裂观

索绪尔提出语言符号是一种“两面的心理实体”，这两面分别是概念和音响形象（即所指和能指）。语言符号的意义不是物质实体，而是一种关系结构。这种意义的二元观是以语言的静态、封闭的系统观为背景的，重视系统内各语言单位的对立关系，语言单位因彼此间差别而获得价值。他强调语言符号的价值在于系统内部符号间关系，而非语言外因素，认为历史的、文化的、个人的因素应被统统排除在语言研究之外[1]。

乔姆斯基所代表的生成语言学派认为自然语言是一种天赋的（innate）、自治的（autonomous）形式系统。人的头脑中存在生成句子的装置，其核心部分包含了人类语言共同的普遍特征，它是由某些抽象规则构成的有限系统，这就是“普遍语法”（Universal Grammar）。语法的自足性和自主性决定了语法完全可以独立于语义之外，语法构造无须参照语言之外的诸多因素，如文化因素、认知因素等。

2. 语言与文化联系观

较早对语言和文化的密切关系做出专门研究并取得丰硕成果的是 19 世纪德国语言学

[1] 张静 .“互联网 +”背景下大学英语翻译教学模式创新讨论 [J]. 智库时代 ,2019(37):185-187.

家洪堡特（Humboldt）以及20世纪上半叶美国语言学家萨丕尔（Sapir）和沃尔夫（Whorf）（“萨丕尔-沃尔夫”假说的建立者）。他们对语言和文化关系的认识对以后文化语言学、认知语言学、社会语言学产生了重要影响。

洪堡特用“语言世界观”来概括自己对语言和文化的认识。洪堡特认为：“……每一种语言都包含着一种独特的世界观。人用语音的世界把自己包围起来，以便接受和处理事物的世界。我们的这些表述绝没有超出简单真理的范围。人同事物生活在一起，主要按照语言传递事物的方式生活，因为人的感知和行为受制于他自己的表象，我们甚至可以说，他完全是按照语言的引导在生活。人从自身中创造出语言，而通过同一种行为，他也把自己束缚在语言之中；每一种语言都在它所隶属的民族周围设下一道樊篱，一个人只有跨过另一种语言的樊篱进入其内，才有可能摆脱母语樊篱的约束。所以，我们或许可以说，学会一种外语就意味着在业已形成的世界观的领域里赢得一个新的立足点。在某种程度上说，这是事实，因为每一种语言都包含着属于某个人类群体的概念和想象方式的完整体系。掌握外语的成就之所以没有被清楚地意识到，完全是因为人们或多或少总是把自己原有的世界观，甚至原有的语言观，带进了一种陌生的语言。”

洪堡特从认识论的角度对语言世界观问题做了阐述，提出语言作为认知手段制约着人的认识活动。在对语言和文化的关系上，洪堡特强调了语言和民族文化的密切联系，“民族的语言即民族的精神，民族的精神即民族的语言。二者的统一程度超过人们的任何想象”。因此，语言揭示并影响了人们认识世界的途径和方式，语言代表了人的基本节化样式。语言世界观的提出是欧洲人文主义语言研究的一大建树，并为后来的“萨丕尔-沃尔夫假说”的产生奠定了基础。

萨丕尔对语言与民族文化、风俗习惯和信仰之间的关系进行研究后，指出“语言的词汇多多少少忠实地反映出它所服务的文化”，认为“语言不脱离文化而存在，也就是说，语言是不脱离社会流传下来的、决定我们生活面貌的风俗和信仰的总体”。萨丕尔的学生沃尔夫研究了世界上多种语言后发现，由于不同民族的语言表达不同，人们对世界的看法也有很大不同。而沃尔夫曾以万有引力为例，比拟语法的形式构造规律对人类思维和精神的影响，“没有受过教育的人完全意识不到任何与引力有关的法则，因为他从来不会设想这样一个宇宙，其中的物体运动方式不同于在地球表面的运动方式”。萨丕尔和沃尔夫对语言和文化关系问题进行探讨的主要观点集中反映在“萨丕尔-沃尔夫假说”当中。该假说的主要思想是强调语言的结构会影响使用者的习惯性思维，现实世界在很大程度上是不知不觉地建立在人群集体的语言习惯之上的，人们对世界的认识受到民族语言的制约。“语言范畴影响人的思维和认知”的看法引起了语言学界极大的关注，并引发了一系列争论。后人将该假说分为强式和弱式两种，强式即“语言决定论”（The Linguistic Determinism），认为语言决定思维，弱式即“语言相对论”（The Linguistic Relativism），认为语言影响思维。

（二）语言与文化的联系

对于语言与文化千丝万缕的联系这一观点，总结起来，主要有以下认识：

1. 部分观

罗常培曾指出，“语言不是孤立的，是和多方面联系的。任何社会现象都不能和别的现象绝缘而孤立存在或发展”，同时，“语言学的研究不能抱残守缺地局限在语言本身的资料以内，必须要扩大研究范围，让语言现象跟其他社会现象和意识联系起来，才能格外发挥语言的功能，阐扬语言学的原理”。语言是人类文化不可分割的一部分，是人类后天习得的一种文化能力。语言作为民族文化的重要表现形式、建构手段和传承方式，具有其他文化形式不可比拟的重要地位和意义。古迪纳夫（Goodenough）曾在《文化人类学和语言学》中指出：“一个社会的语言是该社会文化的一个方面，语言和文化是部分与整体的关系，语言作为文化的组成部分，其特殊表现在于：它是学习文化的主要工具，人在学习和运用的过程中获得整个文化。”同时，由于语言兼有精神文化（表达抽象意义，传递抽象观念）和物质文化的特点（有物质形式，可以以文字的形式被看到，以声音的形式被听到），又像社会制度一样具有社会规约性和全民性，因此不可能将其归入这些文化中的任何一类，马林诺夫斯基就将语言独立于物质文化、精神文化和社会组织文化之外。韩民青同样认为，“语言是一种十分独特的文化现象[1]。它具有其他文化现象的特点，但又不能轻易归属于哪种文化现象。语言与意识文化关系密切，没有语言就没有思维没有意识。人们常把语言叫作思维的外壳和工具，这足见它与意识文化的关系达到何种密切的关系，因此，人们大多把它列为意识文化。然而，语言本身不是观念性的东西，恰恰相反，它是由声音等物质组成的符号系统。同时，语言又总是以言语活动的形态存在着，言语活动属于行为文化活动。所以，语言是兼有意识文化、物质文化、行为文化三种品格而又不能简单归于某一种文化的特殊文化现象。”

语言是文化的基石，是文化中最核心、最具影响力的部分。如果说任何领域的文化（如宗教文化、历史文化、政治文化、经济文化等）反映的都是文化的局部，那么作为文化一个构成成分的语言同时又包含了整个的文化世界。人类通过语言把握文化的各个领域，要了解人类的文化就必须先了解语言。语言包含了人类对世界的知识和行为准则，它所包含的文化意义和在人类生活中的根本作用非常巨大。语言具有社会性和人文性，因此语言不仅是一套符号系统，更是一套价值系统和意义系统。语言植根于社会生活中，不了解语言的社会文化背景就无法理解语言的确切含义，语言结构和语义功能特点是语言文化的体现。

2. 载体观

语言国情学将语言的功能分为三种：交际功能，强调语言是人类传递信息的手段，是最重要的交际工具；文化载蓄功能，指文化具有反映、记录和储存文化信息的功能；指向

[1] 邱曦薇 . 服装英语的翻译理论与技巧——评《服装英语翻译概论》[J]. 毛纺科技 ,2019,47(08):103-104.

功能，指语言引导、影响和培养人的个性的功能。其中“文化载蓄功能”集中体现了语言作为民族文化的承载体和民族文化的镜像在文化形成、发展、传承和交流中的作用。

克拉姆什（Kramsch）在《语言与文化》（Language and Culture）中指出语言具有三大文化功能，即“语言表达文化现实，语言体现文化现实，语言象征文化现实”。由于语言中存储着各民族人民的劳动和生活经验、他们对世间万物的观察和体悟、心中蕴含的丰富的情感，以及对大千世界的理性思考，因而语言是观察该民族文化的最佳途径。语言是人与周围群体在交流过程中产生的，有其特定的历史文化土壤，语言体系背后是该民族的文化体系，反映了独特的民族特质。

因为语言反映了民族文化，是文化的镜像，所以一些明显带有文化信息的语言单位（包括词汇、成语、谚语等）受到了语言研究者的关注。

社会语言学家古迪纳夫曾说过，“一个社会的语言是该社会的重要组成部分，其特殊性就表现在它是学习文化的主要工具，人们在学习和运用语言的过程中获得整个文化。”语言是文化的符号，是反映民族文化的镜子，文化精神的内容通过语言体现，语言的产生为文化的产生发展创造了条件。作为文化储存器的人类语言在人类发展的各个历史阶段，记录了社会生活的方方面面，并将民族文化和集体经验固定下来世代相传。从语言中反映了该语言人民的社会、历史、文化、心理特征，从语言中可以窥见他们的民族性格、气质情感、思维方式、价值取向、宗教信仰、风俗习惯、心理状态，以及对世界的态度和看法。文化是人类社会发展中文明的积累和沉淀，这些积累和沉淀往往通过语言系统地表现出来。

3. 互动观

语言是文化的符号，文化是语言的管轨。不同民族的语言如同镜子或影集，反映和记录了不同民族特定的文化风貌；不同民族的特定文化犹如管道或轨道，对不同民族语言的发展，在某种程度、某个侧面、某一层次上起着制约的作用。语言与文化始终处于相互影响、相互制约的互动关系中。语言反映文化，文化在各个层次（词汇、语法、篇章等）均对语言产生影响，反过来语言对文化也有影响，语言是文化形成和发展的基础，不同语言的表达特点构成了具有民族特色的文化面貌。对文化的研究不可能脱离语言孤立进行，这是由于语言是文化最重要的表达手段，对语言的研究也不可能脱离文化孤立进行，原因是文化对语言的渗透是无处不在的。

一方面，文化从各个方面影响和制约着语言的产生和发展，文化作为语言表达的内容，从根本上决定了语言作为一种文化符号的表达特点。从文化的角度看，语言是文化的载体和编码符号系统，文化则是语言的深层构建机制，一个民族的精神文化制约着该民族语言的形成和发展，所以对一门语言的研究必须从新的高度加以认识，妄图脱离这种语言产生和发展的历史背景、文化渊源、哲学精神的做法是不可取的。只有了解语言背后蕴藏的该民族的文化精神、哲学思想，才能以全面的视角、科学的态度对待一个民族的语言，才能对语言现象做出符合其本质的阐释，也才能树立正确的语言观，找到科学的语言研究方法。各种语言中有一些词汇反映了所属民族的特有事物，从而揭示了该民族的特有文化，例如，英语中的 hotdog（热狗）、cheese（奶酪）、cathedral（大教堂）、chapel（小礼拜堂）、pan（平底锅）、bikini（比基尼）、kilt（苏格兰方格呢短裙）、jazz（爵士乐）、soap opera（肥皂剧）、bungee（蹦极）等，汉语中也有一些词汇表示的事物是汉族独有的，如饺子、粽子、月饼、年糕、冰糖葫芦、牌坊、花轿、唢呐、旗袍、乌纱帽、绣花鞋等。

不同民族对世界的认识不可避免带有自身的特点，这种特点具有约定俗成性，从不同的语言中可以窥见不同民族特有的事物、概念以及对世界的认知方式。这些均是外语专业教学中应重点注意的方面，因为这些内容的掌握将直接影响跨文化交际是否能够顺利进行。

另一方面，语言受文化制约的同时，还对文化具有反作用。作为民族文化的符号形式和承载物，其背后蕴藏着一个民族的文化精神和认知方式；作为人类的交际工具和认知工具，语言对人类社会的发展和文化的进步起着举足轻重的作用。语言的组织机制和语义特征影响并制约着语言使用者的感知和思维，它是人们维系人际社会关系、人与自然关系的纽带，同时还决定了人的文化心态（cultural mentality）。

人们赋予语言符号意义的同时，就决定了该种语言人的概念化方式，不同语言中对应语言符号的赋值并非绝对相同，这影响到不同民族的认知方式和认知经验。例如，英语中一些词汇的意义范围要大于汉语对应词，如 uncle 对应汉语的"叔父""伯父""姨父""姑父""舅舅"，aunt 对应汉语的"姑母""姨母""伯母""婶母""舅母"，nephew 对应汉语的"侄子"和"外甥"，niece 对应汉语的"侄女"和"外甥女"，brother 对应汉语的"哥哥"和"弟弟"，sister 对应汉语的"姐姐"和"妹妹"；dog 对应汉语的"公狗"和"狗（统称）"，duck 对应汉语的"雌鸭"和"鸭（统称）"，goose 对应汉语的"雌鹅"和"鹅（统称）"，chicken 对应汉语的"小鸡"和"鸡（统称）"，lion 对应汉语的"雄狮"和"狮子（统称）"。以上英语中的词汇反映了与汉语不同的概念化方式，外语学习者在使用这些词汇时，不知不觉地在用新的方式将世界分门别类，目的语语言单位对学习者的思维方式产生的影响理应得到充分的关注[1]。

既然语言是与民族的文化精神体系同构的文化符号系统，那么在外语专业教学过程中，应认识到语言能力的培养和跨文化交际能力的培养之间的紧密联系，认识到纯粹语言的学习与真正掌握语言之间还有很大距离。要掌握一种语言，不但要掌握这门语言的语音、词汇和语法系统，更要了解该语言背后的社会文化系统。在某种意义上说，学习一门语言，就是要了解这门语言所反映的整个社会生活，有关目的语社会文化的知识任何时候都不可能独立于语言知识之外。

[1] 宫丽．"互联网＋"时代大学英语翻译对分课堂的研究与实践 [J]. 沈阳大学学报（社会科学版）,2019,21(04):464-469.

第二节　翻译教学视角下的语言与文化研究的基本理论与实践

一、翻译教学领域语言与文化研究的基本理论

传统外语专业教学模式是将语言理解为静态的知识体系（包括语音知识、语法知识和词汇知识），而非动态的运用。传统上外语技能方面的教学主要集中在对于听、说、读、写、译的训练，却始终没能走出“语言”本身的框架。这种教学思想显然受到了长期以来主流语言学思想的影响，无论是结构语言学，还是转换生成语法，都将语言研究的视域限定在“语言”自身。

随着当代语言学的发展，越来越多的外语教育工作者意识到传统外语教学模式的局限性，意识到仅就语言而研究语言是解释不清楚语言现象的，如果不把视野放在社会文化的广阔天地中，语言研究和语言教学都将是没有出路的。三个相关语言学科在此方面颇有建树：一是跨文化交际学，产生于美国；二是语言国情学，产生于苏联；三是文化语言学（狭义上的“文化语言学”），产生于中国。三门学科各有侧重，跨文化交际学侧重研究交际文化，语言国情学侧重研究词汇文化（后来的研究涉及语言的其他层面以及言语的使用方面），文化语言学则侧重汉语同文化传统、民族心理和文化习俗的关系。尽管这三个学科有着各自的兴趣点和研究思路，但他们研究的对象是相同的，即语言和文化之间的关系。对于外语教学而言，跨文化交际学和语言国情学（本书用广义上的“文化语言学”概括这两个研究领域）具有突出的理论价值和指导意义，提供了外语教学的新思路，至今仍在教学实践领域发挥着深远的影响。

西方（主要在美国）对语言和文化间关系的研究集中体现在“跨文化交际学”领域。跨文化交际研究始于二十世纪四五十年代，由于当时美国政府意识到其驻外外交官员对所在国家文化知识的匮乏严重影响了他们的工作，决定对其进行岗前和在岗培训，希望他们在短期内掌握一些国外生活所需的生存技巧。跨文化交际学的创始人霍尔在其著作《无声的语言》中首次使用了“跨文化交际”这一术语，并指出文化在人们社会生活中的重要性。霍尔（Edward T.Hall）等人的有关跨文化交际的论述引起了当局的重视，并发挥了重要作用。霍尔认为，文化是人类生活的环境，人类生活的各个方面无不受着文化的影响，随着文化的变化而变化。或者说，文化决定人的存在，包括自我表达的方式以及感情流露的方

式、思维方式、行为方式、解决问题的方式等。跨文化交际学认为，儿童在习得一种民族语言的同时，也就是在习得这一民族的文化，习得这一民族的文化内容和文化传统。在乔姆斯基之后，海姆斯指出，“语言能力”仅是一种“语法能力”，它只注重了人的内在语言心理因素，却忽略了语言外在的社会文化因素，舍弃了语言的交际功能。因此，应当关注语言的“交际能力”，交际能力的提出为跨文化交际学提供了合理的分析框架。

在翻译教学领域，“交际教学法”正是在“交际能力”等理论提出后产生的，传统的翻译教学法开始受到“交际教学法”的冲击。外语专业教育工作者意识到，外语专业教学的任务就是要培养具有不同文化背景的人们具有这种交际能力。因此，外语翻译教学不仅是语言教学，而且还应包括文化教学，重视到翻译教学对于语言教学的重要作用。“就语言而教授语言”的翻译教学模式受到质疑，随之“目的语文化”的导入得到了应有的重视，因为“只注重语言的形式，而不注意语言的内涵是学不好外语的”。文化教学应当给学习者提供充足的知识和语言文化技能，以便和外国一些具备同样背景和教育的人成功地进行交际。他们需要有意无意、设身处地理解外国当地人的文化，并能够合适地接受其语言和非语言的行为。语言行为是一种文化行为，语言能力和交际能力的培养离不开文化因素的参与。传统翻译教学忽视了社会文化因素对翻译教学的影响，只侧重培养学习者的语言翻译能力，往往容易看到母语对外语学习的干扰，却忽视了社会文化因素的干扰。因此，语言学习者应具备的能力包括两个方面，即语言能力和交际能力，前者指的是掌握语音、词汇、语法、篇章等知识，后者指的是运用这些语言知识进行交际的能力[1]。外语能力中的交际能力包括六个方面：听、说、读、写、译五种运用能力和文化素养能力（社会文化能力）。这种对社会文化能力所具有价值的充分认识极大地推动了当时的外语翻译教学。

在跨文化交际理论框架下，托马林和斯特姆普列斯基（Tomalin & Stempleski）提出了语目文化教学目标，即：帮助学生逐步明白，所有的人都会表现出由不同文化而产生的行为；帮助学生逐步明白，社会的各种因素，诸如年龄、性别、阶级和居住地都无一不影响着人们说话和行为的方式；帮助学生更多地了解目的文化中在一般情景下人们的具体习惯行为；帮助学生增加对目的语中的词和短语的文化含义的理解；帮助学生发展根据证据对目的文化做总体鉴定的能力；帮助学生培养搜寻和组织文化信息的必要技能；激发学生对目的文化在智力方面的好奇性，鼓励学生对其他民族人们的同情和理解。

俞约法在详细考察语言国情学之后，提出了语言国情学的学科性质、研究对象、研究方法。

首先，语言国情学实际上是语言教育科学中为外语教学服务的应用文化语言学，它研究的出发点和最后的归宿点都是语言教学，它同语言教学有着血肉关系，它未提出系统研究文化本身这样一个目标，也未以发现和揭示文化同语言之间的规律为己任。

其次，语言国情学对文化的研究限于表层，而未及深层；重点在词语的民族文化语义

[1] 陶旸．基于蓝墨云的混合式教学在英语翻译课应用初探 [J]. 湖北开放职业学院学报 ,2019,32(15):162-164.

和语用，旁及各种文化背景常识；对象是个别的、零散的、具体的事实；研究工作具有发掘性和描写性。

最后，语言国情学大力研究文化背景的教学法问题。

二、跨文化交际学的理论和实践

（一）跨文化交际学的理论来源

跨文化交际学是传播学的一个分支。美国的社会学家库尔利（Cooley C.H）曾对“传播”下过以下定义：所谓传播是人际关系借以成立的基础，又是它得以发展的机理。就是说它是精神现象转换为符号并在一定的距离空间得到搬运、经过一定的时间得到保存的手段。传播有两个方面的含义，既包括信息的分享，也包括信息的传递，而跨文化交际学中的交际同样有这两个方面的含义。与传播学研究的侧重点不同，跨文化交际学主要研究文化与交流的关系以及文化对交流所产生的影响，重点在于不同文化的个人、群体之间阻碍彼此交流的文化因素。跨文化交际学作为一门独立学科，产生于20世纪70年代末。跨文化交际学综合了传播学、社会学、社会语言学和社会心理学等学科的有关理论，并与实践紧密结合。因此跨文化交际学是一门交叉学科。

社会学中对有关社会现象和社会行为，尤其是对社会行为规律的研究，对跨文化交际学的形成具有重要意义。这是由于交际本身就是一种重要的社会现象，交际与社会相互依存，人类社会的重要特征便是人们能够使用语言，通过交际行为维持社会个体间的联系，交际行为若没有社会环境，便失去了存在的土壤和前提。

社会心理学中诸多理论对跨文化交际学产生了巨大影响，如信息破译的过程、行为的知觉过程、言语社团理论、人际关系理论、领域与无领域依附感的认知理论等。社会心理学中有关人际关系的论述为跨文化交际学提供了独特的视角。人际关系不同于社会关系，属于认知心理学的范畴，是人们通过交际活动产生的结果，体现为心理距离。影响人际关系的主要因素有文化因素、社会因素、心理因素、自然因素和空间因素。文化因素包括价值观、世界观和一系列规范，不同文化形成不同的人际关系取向。不同社会通过不同的交际方式影响人际关系，不同的社会规约形成了人们对同一交际行为的不同看法。心理因素是形成人际关系的重要因素，包括交际个体的认知、思维方式、性格、态度、能力等因素，这些因素赋予了交际主体的个性化特征，直接影响交际的进行。自然和空间环境同样影响了不同社会与文化氛围中人们的宏观认知背景，决定了不同文化中交际的潜台词。

（二）跨文化交际学的主要概念

跨文化交际学中的主要概念有文化和交际、文化身份、民族中心主义/文化相对论、定型和交际风格。这几个主要概念包含了跨文化交际过程的基本要素，它们从不同的角度对跨文化交际的动态过程构成影响。

1. 文化和交际

文化和交际是跨文化交际学中最重要的两个基本概念。对于“文化”“交际”的定义和认识很早就有，而且有不同的角度和侧重点。在跨文化交际学看来，“文化”和“交际”的关系尤为重要，即文化与交际密不可分，交际不可能脱离文化而孤立存在。文化是一个群体共享的意义系统，决定我们作为社会成员对世界主要事物的感知、认识和态度。任何一个社会的人，从出生开始就受到这一意义系统的熏陶。文化扎根于人们的脑海里，并时刻左右着人们的言行、思想和思维方式。格尔茨认为，在跨文化交际中，交际双方不可能完全摆脱本民族文化的制约和影响，而为了达成交际，必须克服不同文化的不同规约，使交际顺利进行。比以上认识更进一步，霍尔认为，文化是一个群体生活方式的系统，文化系统是有序的，是可以被该文化群体学习和掌握的，而且也是可以分析和描述的。同时他认为，交际就是文化本身。由此可以看出文化和交际的水乳交融的关系。

2. 文化身份

文化身份的概念来自社会语言学和文化学，是指“对某个有着共同符号意义系统、遵守相同行为规范的文化群体的认同，并被认为得到这个文化群体的接受”。

首先，文化身份具有多重性。文化身份总是相对于一定的文化群体，同一个体可能同时属于不同的文化群体，这个个体也就具有了不同的文化身份。文化群体包括民族文化（如中国文化、美国文化、英国文化等），区域文化（如东方文化和西方文化），一些主流文化中的亚文化（如美国天主教信徒的文化和美国浸礼教信徒的文化、美国男权主义者的文化和美国女权主义者的文化、美国异性恋者的文化和美国同性恋者的文化等）。因此，同一文化个体的文化身份可能是多样的，如地区身份、国家身份、民族身份、职业身份、性别身份、宗教身份等。

其次，文化身份具有动态性。在跨文化交际之初，不同文化身份的人所遵循的符号意义系统和行为规范（即文化身份）可能差别很大。因此，为顺利达成交际，交际双方需要付出很大的努力。而当交际一方随着个人对异文化的体验增加，完成了跨文化调适的时候，交际就很容易顺利达成，而交际一方则是一个有着跨文化身份的文化个体。

3. 民族中心主义和文化相对论

民族中心主义和文化相对论的概念来自文化人类学。文化对社会发展进程起着非常重要的作用，文化作为历史的沉淀，渗透在人类文明的各个层面，制约着人的各种生存活动，尤其极大地影响着人们的跨文化交际活动。人们对本节化和他文化的看法，即文化价值观，关乎跨文化交际过程的成败与否[1]。

所谓民族中心主义，是指在跨文化交际过程中，人们都自觉或不自觉地认为自己的文化更优越，用本节化的标准去衡量判断甚至要求他文化。民族中心主义崇尚自己的价值观和信仰，蔑视其他价值观和信仰。持这种观点的人在潜意识里存在“本节化所规约的语言

[1] 胡二娟 . 翻译软件在高职英语信息化教学中的应用研究 [J]. 信息与电脑 (理论版),2019(15):245-246.

或行为方式是对的”“他文化中与其不一致的语言和行为方式都是错误的”的认识，而这种认识显然不利于跨文化交际的实现，只会导致跨文化交际活动的失败，甚至引起国家间、民族间的对立和冲突。

与民族中心主义相对立，主张“文化无优劣之分”的是文化相对论。在文化人类学界最早倡导文化相对论的学者是美国人类学家博厄斯。他坚决主张研究每一个民族、每一种族文化发展的历史，认为衡量文化没有普遍绝对的评判标准，因为任何一种文化都有其存在的价值，每种文化的独特之处都不会相同，每个民族都有自己的尊严和价值观，各种文化没有优劣、高低之分。因此，一切道德评价标准都是相对的，不能用自身判断是非善恶的标准去判断另一种文化，不能用一己诠释框架去套用或解释其他文化现象。博厄斯认为：“只有在每种文化自身的基础上才能研究每种文化，只有深入研究每个民族的思想，并把在人类各个部分发现的文化价值列入我们总的客观研究的范围，客观的、严格的、科学的研究才有可能”。文化相对论认为应对不同的价值观念、文化习俗和言语行为表示理解和宽容，感到自然，并能够根据不同的交际对象和场合，调整自己的行为和判断标准。文化相对主义这种宽容的态度和开阔的胸襟对跨文化交际的顺利进行起到了正面作用。

4. 定型

定型的概念来源于社会心理学，而最早将定型引入社会心理学的是美国新闻记者利普曼（Water Lippmann）。利普曼的《公众舆论》（Public Opinion）一书出版，首次使用“定型”这一术语，用以表示不同社会群体“在人们头脑中的形象”。之后，社会心理学家在利普曼的基础上进一步发展了对定型的认识，认为定型观念是“对现实的某一方面，特别是某些个人或社会群体的相对僵化、过分简单或带有偏见的认识”。定型呈现过分简单化的特征，如认为所有的英国人都很保守、所有的法国人都很浪漫、所有的犹太人都很精明、所有的日本人都很勤劳等，是由于片面夸大了群体的相似性，而忽略了个体的差异，如部分英国人可能不保守、部分法国人可能不浪漫等。

对于定型在跨文化交际中所起到的作用，高一虹称之为“跨文化交际悖论”，即定型一方面起到了沟通文化差异的“桥梁”作用，帮助不同文化背景的人相互了解。同时，在定型基础上建立的对其他文化的理解是不客观的，有对其他文化“贴标签”之嫌。这种认识很容易变成“偏见”，也就是说，定型对跨文化交际既有正面的沟通作用，同时又因其片面性阻碍了跨文化交际的进行。我们对定型所应采取的态度是既要做到探讨不同文化的共性和同一文化群体所共有的特点，又要注意文化的个性和同一文化群体内部各种亚文化及不同个体的差异。没有群体的共性就等于没有形成对异文化的认识，而没有个性的差异就证明对异文化的认识处于比较低的阶段。

因此，在外语专业教学的初级阶段，应建立目的语的文化定型，这是一种较快了解文化差异的方法。尽管这种定型可能很不全面，很不客观，但有助于外语学习者建立有关目的语文化的一系列认识。随着以后学习的深入，头脑中原本清晰的印象开始模糊，原有的一个个定型变得不可靠，这时就应对原有的相当幼稚的认识进行修正，打破原有定型观念，建立新的概括方式，从而达到认识的深化。

5. 交际风格

交际风格是指人们在传递和接收信息时喜欢或习惯采用的方式。古迪昆斯特等列举了四对不同的风格类型：直接型和间接型；详尽型和简洁型；个人为中心型和语境为中心型；情感型和工具型。以美国人和中国人的交际风格为例，一般来说，美国人的交际属于直接型的，在交际时倾向于直截了当、直奔主题，而中国人的交际则是间接型的，习惯拐弯抹角、兜圈子。美国人的交际是介于详尽型和间接型之间的，而中国人则属于间接交际风格，谈话时往往表现得非常谦卑，在谈到主题时经常是点到为止，简洁扼要。最后，美国人属于以个人为中心、工具型的交际风格，喜欢就事论事，不太注重社会文化因素和人际关系对交谈主题的影响，中国人则属于以语境为中心、情感型的交际风格，交谈双方的地位关系非常重要，决定了谈话的方式、语言措辞的选择，交际的主要目的之一就是交流情感，建立良好的人际关系。不同的交际风格可能会引起交际双方的误解：美国人觉得中国人不真诚，办事缺乏效率；中国人觉得美国人自负、无礼。而要想避免不同交际风格对交际可能产生的不利影响，就应当事先了解对方的风格，同时在交际过程中有意识地调整自己的风格。

（三）基于教学的跨文化交际研究的主要方面

1. 跨文化交际的语用方面

在跨文化交际中，很多情况下影响交际的因素并不仅是语音、词汇和语法，而是人们说话的方式不同以及对语码的使用不同。在语用学领域，言语行为理论、会话含义理论、礼貌原则等的提出使人们开始关注语言外因素对语言使用的制约。然而，在跨文化背景下语言的使用规则会因文化和社会的不同存在差异，究其原因是由于不同文化存在不同的社会规范。研究这种差异对跨文化背景下的外语专业教学具有重要意义，可以帮助外语教师更为深刻地认识到，跨文化交际过程中文化准则和社会规范的错置（认为目的语文化的社会规范与本族语文化没有差别）会导致交际失败，从而产生较大的心理或社会距离。这对于引导学生克服典型的文化语用失误、顺利达成交际具有深刻的指导意义。

具体讲，有一系列言语行为，它们的语言表现形式会因文化的不同而产生差异，这些言语行为包括：称呼（forms of addressing）、道歉（apologies）、请求（request）、请求别人允许（asking for permission）、感谢语（gratitude）、同意或不同意（agreement or disagreement）、批准或不批准（approval or disapproval）、拒绝（refusal）、建议（suggestions）、劝告（advice）、警告（warning）、恭维（compliment）、邀请（invitation）、问候（greetings）、告别（partings）、电话语（telephone talk）、介绍（introduction）、关切（expressing concern）、批评（criticism）、提供（offer）、否认（deny）、祝贺（congratulation）、说服（persuasion）、命令（command）、指示（directions）、教导（instructions）、推荐（recommendations）、报告（report）、威胁（threat）、禁止（prohibitions）。

由于不同文化环境中社会语言规则存在着差异，各社会群体在问候、道歉、请求、感谢、祝贺等诸多言语行为方面都有其独特的规则可循，即使是在相同的情景中，行使相同的社会功能，所实施的言语行为的语句可能截然不同。例如，在称呼语中鲜明地体现了汉语的卑己尊人的礼仪规范，称呼对方的家人一般用尊称，如“令尊”“令堂”“令郎”“令爱”，对自己的家人则用谦称，如“家父”“家母”“犬子”“家女”“贱内”，而在英语和俄语中均无相应的表达[1]。在致谢的言语行为中，英语用“You are welcome”（乐意为您效劳）或者“It’s my pleasure”（乐意为您效劳）回答对方的谢词，而非“It’s my duty”（这是我的责任）或“This is what I should do”（这是我应该做的）之类汉语式的表达等。除此之外，不同文化对合作原则（量的标准、质的标准、切题原则、方式原则）和礼貌准则（得体准则、慷慨准则、赞扬准则、谦虚准则、赞同准则和同情准则）的理解均有不同。在一种语言中符合交际准则的表达，放到另一种语言中就不一定适合。因此，在外语专业教学过程中，应当着重关注跨文化交际中语用方面引起的失误现象，力图加以克服。

2. 跨文化交际的语篇方面

较早对跨文化交际与语篇结构的关系进行深入探讨的是卡普兰的研究。卡普兰认为，中国人的思维方式是曲线式的，类似一种涧轮线，叙述时一般不直奔主题，而是从其他内容开始语篇的陈述，迂回地指出语篇的主题和大意；英美人的思维方式是直线式的，段落当中通常都有主题句，其后的内容是对主题句的充分展开，最后是对主要内容的总结；俄罗斯人的思维方式是文章中有一系列的猜想式的平行成分和一些并列成分，并且至少一半与句子的中心思想不相关；法国人和西班牙人的思维方式是在文章中穿插一些离题的句子；阿拉伯人的思维方式是用各种平行线表示的，而日本学者提出日本人的思维方式是“点式”的。

曲政和俞东明曾经进行过实验研究，探讨不同文化对语篇生成的影响。实验中要求中国学生写一封由三段文字构成的信，内容是学生向他们以前的一位英语教师借一本英语词典，结果表明，35 名同学中有 29 人均在信的最后一段才提出要求，信的前两段主要谈及该教师对自己以往的帮助，而这显然是汉语的思维方式和组织语篇的方式。按英美人的写法，应当在信的开头段提出自己的请求，也即西方人的思维模式为 request—background—confirmation of request。在跨文化交际中，如果在作文、翻译或口头交际时不注意西方人的思维习惯，仍使用中式思维模式，西方人对这类文章或讲话会有一种不耐烦（不愿读下去或听下去）的反应，从而容易产生误解甚至导致交际失败。在外语专业教学过程中，应重视不同文化背景下不同语言的语篇特点，从而对教学实践（尤其是写作教学）有所帮助和指导。

3. 跨文化交际的教学应用方面

随着人们对语言认识的深化，随着语言能力、交际能力、跨文化交际能力的相继提

[1] 裴于兵 . 网络环境下高校英语翻译教学的改革策略与创新途径研究 [J]. 中国多媒体与网络教学学报（中旬刊）,2019(08):38-39.

出，外语专业教学的目标日渐清晰，培养学生的跨文化交际能力成为现代外语专业教学的目标。而外语翻译教学不仅要使学生具备语言能力（即语法能力，生成合乎语法句子的能力）、交际能力（在一定的情境中生成合乎情境的句子），还要使学生具备跨文化交际能力（在跨文化语境中达到成功交际的能力）。这就要求学生对异国文化有更深的了解，在外语专业的开设课程中，这个重任也就落到了翻译课程上。通过翻译课程的学习，让学生更加了解西方文化，更好地进行跨文化交流。

卡纳勒（Canale）和斯温（Swain）对语言交际所必须具备的能力的划分，为跨文化交际能力的分析提供了直接的框架模式。跨文化交际能力包括四个方面，即语法的（grammatical）能力、社会语言的（sociolinguistic）能力、语篇的（discourse）能力和策略的（strategic）能力。这四个方面的能力在跨文化交际中起到了非常重要的作用，且缺一不可。

语法能力主要是指对语言本身的掌握，包括词汇、构词、构句、发音、拼写等语言特征和规则，是准确理解和表达话语字面意义所需要的基本能力。语法能力在多大程度上受到不同文化的影响，学界说法并不统一，但有一点是肯定的，即文化对语法能力的制约远没有其他方面显著。

社会语言能力是指能够依据各种语境因素恰当地运用与理解不同社会场合和环境的言语。从某种意义上说，社会语言能力就是文化，是语言运用的文化，习得一种社会语言能力实际上就是习得一种文化能力。人们在相互交往时，文化失误要比语法错误令人无法容忍，因此翻译教学中应特别注意避免文化失误的发生。

语篇能力是指能够合理地将语言形式与意义组织起来，构成各种不同体裁的前后连贯的口头或书面语篇。语篇能力在较大程度上曲折地反映了特定文化群体的基本思维模式及其相关的价值观。例如，卡普兰指出，在篇章的组织结构方面，英语篇章主要呈直线型，汉语篇章主要呈螺旋形。所谓直线型即段首往往有一个主题句，然后再按照一条直线展开，对主题分点说明中心意思。而螺旋形与汉族人思维的整体性（天人合一）以及八股文的结构有很大关系，有含蓄、委婉、间接、迂回的特点。因此，在外语教学中应帮助学生克服来自母语的语篇构成模式的干扰，避免出现英语语法和汉语结构混用的现象，让英语族人听起来（或看起来）重点不突出、条理不清楚。

策略能力则主要是指运用各种交际策略去应付和解决由于外在条件或其他方面能力欠缺所导致的交际困难与问题。跟社会语言能力和语篇能力的迁移不一样，这方面的迁移因策略能力与文化较为疏离的关系，非但不会妨碍，反而只会有助于跨文化交际双方的沟通和理解。

除此之外，赵爱国和姜雅明认为外语专业教学的跨文化交际能力包括语言能力、语用能力和行为能力。其中，语言能力包含语音、词汇、语法、语义四个方面的能力，语用能力包含语境能力、语篇能力、社会语言学能力和社会文化悟力，行为能力则包括社交能力、非语言交际能力及文化适应能力三个方面。贾玉新则认为跨文化交际能力应包括基本交际能力系统、情感和关系能力系统、情节能力系统和交际方略能力系统。基本交际能力系统主要是强调交际个体为达到有效交际所掌握的能力，包括语言能力、文化能力、交往能力和认知能力。在情感和关系能力系统中，移情作为重要的情感能力是指以他人文化准则为标准，解释和评价他人行为的能力，而关系能力则强调交际双方形成共识和彼此适应的重要性。情节能力是指在交际过程中交际双方根据实际场景调节交际行为的能力。策略能力系统包括语码转换策略、近似语策略、合作策略和非言语策略等。

三、文化导入：语言与文化研究在翻译教学中的应用

（一）文化导入的概念

文化导入，又称文化植入、文化移入，在国外最早由舒曼在 1978 年提出，该概念适用于二语习得领域。舒曼从社会心理学角度构建了“文化导入模式”（acculturation model），认为第二语言学习过程中最重要的是社会因素和个人情感因素，因此提出假设，文化导入的程度决定了第二语言习得的成败。

20 世纪 80 年代中国学界开始关注外语教学当中的文化因素，赵贤洲较早提出“文化导入”概念，许国璋较早探讨英语教学中的词汇文化内涵问题，胡文仲较为系统地阐明了外语专业教学中的文化、交际问题。陈光磊较早对文化导入的内涵作了界定，他认为，所谓文化导入就是在教授语言结构规律的同时，使学习者了解和习得所学语言所具有的文化内涵和所遵循的文化规约，并在一定程度上转化为交际能力，从而在一定范围内顺利加入该语言社团的交际活动[1]。林汝昌认为文化导入是外语专业教学的延伸和补充，他详细探讨了外语专业教学中文化导入的层次问题。据此笔者将翻译教学中文化导入分为三个层次进行：第一个层次为讲授目的语的语言结构知识，消除外语学习中影响理解和使用的文化障碍，重点是导入有关词汇的文化因素和有关课文内容的文化背景知识；第二个层次为系统导入相关的文化知识，根据每篇课文或每册书的内容，归纳出能涵盖课文或全书内容的文化框架；第三个层次为导入更广泛的文化内容，包括一个民族的历史与哲学传统，即综合与概括一种文化的社会模式及其价值系统的文化表现形式。

（二）文化导入的原则

赵贤洲，束定芳，鲍志坤，张安德和张翔以及赵爱国和姜雅明等诸多学者曾专门探讨文化导入的原则问题。总的来看，在翻译教学中进行文化导入要遵循以下几点：

首先，文化导入应当侧重目的语同母语相异的方面。学生在跨文化交际以及习得外语的过程中，一般而言，两种语言中存在的文化共性方面不会成为学习过程中的障碍，引起学习者困惑的往往是母语社会中不曾有过的，或者母语社会与目的语社会的理解存在差异的语言、言语现象。这些内容应当作为文化导入的主要方面，在编写教材、课堂授课、课

[1]　吴静 . 大数据时代金融英语翻译的问题与对策 [J]. 中国新通信 ,2019,21(15):181.

下作业、测试等各个环节得以充分体现。例如，在维列夏金和科斯托马罗夫提出的词汇背景理论中，文化伴随意义基本等值的共有事物和现象不应是外语教学的重点，而文化导入应侧重于仅在一种语言中有文化伴随意义或在两种语言中有不同的文化伴随意义的词汇，因为这部分词汇在学习者习得过程中需克服来自母语的干扰，需要付出更多的努力。例如，汉语中“吃狗肉”这一表达没有独特的文化伴随意义，而英语中 eat dog 表示替别人干别人不愿意干的事情，这个意义来自美国土著印第安人的习俗。印第安人在有重大事情需要商议的时候吃狗肉，后来，有白人不愿吃，但为避免对主人不敬，他们被允许将一块银圆放在盘子上，别人替其吃狗肉并收起银圆，于是在早期的美国政治中有为别人吃狗肉一说。在外语教学中“吃狗肉”这类存在文化差异的语言现象是需要格外注意的，因为这类现象容易导致外语学习中的误解，导致“文化休克”。

其次，文化导入应当遵循一定的阶段性。由于人们对异文化的感知和适应是一个渐进的过程，这决定了文化导入必须遵循这个规律。正如跨文化研究专家汉威所指出的，人们对文化差异敏感性可以分为四个阶段：第一个阶段是对于表面的明显的文化特征的识别，人们的反应通常是认为新奇、富有异国情调；第二阶段是对于细微而有意义的，与自己的文化迥异的文化特征的识别，反应通常是认为不可置信或难以接受；第三个阶段与第二个阶段相似，但区别在于通过道理上的分析认为可以接受；第四个阶段是能够做到从对方的立场出发来感受其文化。从第一阶段到第四阶段不是一蹴而就的，这期间必定经历一个由新奇到疑惑、排斥，再到从理智上理解，并最终从情感上忘却文化间的隔阂，做到站到他文化的角度上感受和理解他文化。翻译教学的目标也只能是使外语学习者最大限度地接近第四个阶段，要知道，想让所有外语学习者达到 empathy(“神人”，即感受不到是不同的文化，认为是自然而然的，就如同母语文化一样）的程度是不现实的。

文化导入的过程因此要分阶段进行，在学习的初级阶段，文化导入主要涉及一些容易理解的表层文化。随着学习的深入，学习者对目的语文化有了一定的感性和理性认识，一些涉及价值观、思维模式的深层次的文化差异才可以放到教学内容中来，外语学习者对此才可能有更为深入、透彻的体悟。谭志明、王平安指出，英语专业教学中的文化导入应分三个阶段进行，其中初级阶段的文化导入应主要介绍在日常生活交往方面英汉主流文化的差异，以及这种差异在语言形式和运用中的具体表现，从而使学生掌握日常生活中英语语言交际的能力，该阶段主要涉及一些表层文化；中级阶段的主要内容是介绍由于文化差异引起的英汉词语、成语意义及运用方面的差异，使学生熟悉英汉语义的差别并深入理解英语表达法所涉及的文化内涵；高级阶段主要从中西文化深层次的差异入手，介绍中西方思维方式以及言语表达方式的差异，从而使学员提高语言表达能力，并能进一步了解西方的人际关系及交往的深层次模式。这种分阶段进行文化导入的模式适用于任何外语教学，体现了外语教学的特点，也符合人们感知、适应不同文化的心理认知规律。

最后，文化导入的过程中应做到质的优选和量的适度。文化的范围之大可谓包罗万象、林林总总，可翻译教学是受到授课时数等客观条件限制的，是不是所有的文化都应纳入翻译教学的范围之中，答案无疑是否定的。所谓“质的优选”是指选取那些目的语文化中占主流地位的文化，而不是仅限于个别群体、个别区域的文化，同时，选取的主要是在当代盛行的文化，而非已经退出历史舞台的过去的文化。只有这样才能最大可能地在有限的时间接触到更多的目的语文化的本质，从而指导跨文化交际顺利进行。所谓“量的适度”是指翻译教学过程中文化导入内容必然要和跨文化交际密切相关，换言之，不能把翻译课上成了历史课、地理课、音乐课、艺术课、哲学课……翻译教学中的文化导入必须在外语专业教学的框架内进行，其目的是为语言教学服务，促进学生掌握跨文化交际的技能，培养用异文化交际和思维的习惯。因此，知识性的内容适可而止，并非多多益善。

（三）文化导入的内容

文化导入的内容是文化导入的核心问题，因为这牵涉到翻译教学中需要讲授哪些文化项目，哪些对外语学习者而言最为重要、最具现实意义。为此，不同的学者列出了不同的文化清单，这反映了学者们对文化细目的不同划分方法。

1. 知识文化和交际文化

赵贤洲、张占一主张将文化导入的内容分为知识文化和交际文化。知识文化指的是在两个文化背景不同的人进行交际时，不直接影响准确传递信息的语言和非语言的因素。交际文化指的是在两个文化背景不同的人进行交际时，直接影响信息准确传递（即引起偏差或误解）的语言和非语言的文化因素。这种分类方法是以参与交际的文化因素在交际过程中所起的作用作为划分文化属性的标准，直接影响交际的，就是交际文化因素，不直接影响交际的，就是知识文化因素。但与此同时，这种分法并不意味着只有交际文化因素参与交际，而知识文化因素不参与交际，交际文化和知识文化的区别在于它们对跨文化背景下的交际过程中对传递信息所产生的作用不同。

2. 词语文化和话语文化

束定芳将文化导入的内容分为词语文化和话语文化两类。词语包括单个的词和词组（含习语、成语等），词语文化中最重要的内容有：（1）一个民族文化中特有的事物与概念在词汇及语义上的呈现；（2）不同语言中指称意义或语面意义相同的词语在文化上可能有不同的内涵意义；（3）词语在文化含义上的不等值性；（4）不同文化对相同的现象所做的观念划分的差别在词语及语义上的显示；（5）体现一定文化内容的定型的习语（熟语、成语等）。

话语主要包括：（1）话题的选择（例如，谈天气、健康、年龄、收入等在不同文化中有不同的社会含义）；（2）语码的选择（例如，用什么风格的语言谈论是受文化条件制约的）；（3）话语的组织（例如，话轮、连贯、叙述方式、叙述顺序等均有一定的文化模式）。

3. 语构文化、语义文化和语用文化

陈光磊将文化导入的内容归为语构、语义和语用三种。语构文化指不同文化背景下两种语言结构方面的差异（例如，构词的差异、句法的差异等）；语义文化指两种语言语义方面所体现的不同文化特征（例如某一民族特有的词语，含有一定民族文化伴随意义的词语、成语、惯用语等）;语用文化指语言使用过程中所应遵守的文化规约（例如,称呼、问候、致谢、致歉等）。

赵爱国和姜雅明在语构文化、语义文化和语用文化的基础上，又增加了两类，即语体文化和行为文化，从而把文化导入的内容分为五类：语构文化（语音、语法系统所体现的民族文化）、语义文化（语言单位各构成素的意义系统所体现的民族文化）、语用文化（语言使用过程中所遵循的民族文化规约）、语体文化（语言文体选择和运用中的民族文化因素）和行为文化（语言和非语言行为所反映的民族文化特征）。

按照美国当代外语教育专家拉森•弗里曼对语言教学的理解，语言教学体现为一个三角关系，即:语言学习者/学习、语言/文化、教师/教学。其本质是要解决“学(教)什么”“怎样学”和“怎样教”这三个基本问题。本章主要解决第一个问题,即“学(教)什么”的问题。语言是表达意义的符号系统，同时也是反映和传播文化的主要手段，其本身是文化的重要组成部分。古迪纳夫认为文化是“人们为了与其文化群体成员和平友好相处所应知道的和相信的一切”。在语言教学中，倘若离开了文化，就无法实现对语言的正确理解和使用。

首先，语言不可能脱离文化存在，语言的社会属性决定了不同语言所蕴含的与该社会历史、地理、信仰、政治等密切相关的独有特征，在翻译教学中文化因素必须得到正视和考量。

其次，文化导入为翻译教学提供了具体操作的模式，而且越来越多的学者意识到，文化导入绝不可能只是知识导入，更包含了意识的培养和能力的塑造[1]。

无论是知识文化和交际文化的划分，还是词语文化和话语文化的划分，抑或是语构文化、语义文化和语用文化的划分，都是从不同角度使学生从习得语言的最初阶段就加强对文化因素的敏感性,并将这种意识贯穿整个外语学习的全过程。随着语言文化理论的发展,现在的外语教学应当摒弃原先对文化进行武断评判的做法，充分认识到对异文化的一味逢迎或一棍子打死均是不理智的，只有全面、客观、理性地对待目的语文化的全部，才能深入文化的实质，也才能算得上从根本上掌握了语言。对民族中心主义思想和成见的认识和分析是语言学习和文化学习的必经阶段，文化导入的双文化语境使外语学习者必须从反思的高度审视自我的文化，以包容的心态去理解目的语的文化。

[1] 杜春雷 . 实用商务英语函电 [M]. 南京：东南大学出版社杜春雷 . 实用商务英语函电 [M]. 南京：东南大学出版社，2014.，2014.

第三章　跨文化英语翻译

第一节　跨文化英语翻译中的语境研究

随着全球文化交流日益增强，对语言社会性研究也越发深入，语境对于语言研究的作用是不可替代的。翻译作为一种跨文化活动的承载介质，自然更要强调语境在翻译过程中的作用和应用。综合分析不同的语境，从而帮助翻译者对内容达到正确的理解，消除不确定现象，对翻译过程起到最大的促进作用。本节主要从语言语境、文化语境以及情景语境来分析语境在英语翻译中所起的作用以及其应用路径。

自从 1932 年人类学家提出了“语境”这一概念，人们才知道对于语言的理解和领悟并不仅仅靠语言本身所表达的字面意思，还要依赖于推敲使用者和使用环境的背景，失去了语境语言就失去了色彩。20 世纪 50 年代，语境的概念就渗透到翻译的行业中，翻译工作中最重要的事就是要正确理解原文的意思，而翻译的第一步工作就是分析原文的语境，而不是拿着文章逐字逐句地对照翻译，这是很多学习者会出现的错误，如果不能事先很好地揣摩作者的思想和感情，可能会使译文失去原文的风采和意义。因此，我们可以说语境在英语翻译中的作用是不言而喻的，翻译者能够根据文章的语境来判断文化背景和作者的中心思想，为下面的翻译工作打下坚实的基础。

一、语境在英语翻译中的作用

（一）定义与阐释词义

英语的单词有成千上万个，我们不可能知道每个单词的确切意思，就好比中国人也认不全中国的汉字一样，在这个时候就需要结合全文上下的语境去揣测新词的意思。在我们学习英语阅读时，也可以借鉴这种揣测方法来快速完成阅读。定义的作用，就是一些生僻的单词可以根据句子后面的定语来进行猜测，例如，The theory to come out of knietics，was suggested by professor Bird whistell，who suggested the body of movement. 意思是说 knietics 衍生出来的学说是 Bird whistell 教师提出的 the study of body movement，其中 knietics 的意思就可以从后面的人体运动学说中推测出来。而阐释的作用就好比我们的汉英词典，作者会利用更简单的单词或者语句来解释生僻词的意思，让人觉得通俗易懂。

（二）语句在互译中的专一性

单词存在异议性和多义性，这就决定了一个单词可能有好几种意思，这也与中国的汉字类同。在不同的语境中，单词的多义性可能会给翻译工作带来阻碍，如果作者不能正确地理解文章的语境，可能会出现南辕北辙的错误。例如，He is a hard man 中的 hard 有不容易对付的和勤劳的意思，仅仅从这句话中翻译者不好去判断，如果出现 He is a hard man to deal with，那么翻译者就可以明确这里的 hard 是不易对付的意思。还有，当一个单词出现在俚语或者俗语里面，也会有一定的歧义，例如 That's your business，就翻译成那是你的事，而另外出现歧义的情况就是由于同音同形不同词性造成的。

（三）影响词语的语言色彩

我们常说中国的汉字是有魅力的，是丰富多彩的，其在不同的语境下可以体现不同的感情色彩，而英语词汇在不同的语境下也可以体现出不同的感情色彩。就比如 Hey，guys 和 Hello，everybody 就体现了不同的感情色彩，前者偏向于轻松愉悦，而后者偏向于正式化。因此，我们可以得知语境在英语翻译中的作用只是将作者原本的感情通过苦涩的词汇流露出来，从而使翻译者能够走进作者的内心世界，感受作者对于内容所赋予的附加价值。

三、语境在英语翻译中的应用路径

（一）语言语境与词汇选择

语言只是一种冰冷的符号，如果失去了语境，那么语言就失去了意义，失去了色彩。我们所说的语言环境，通常指上下文联系，包括周边句子、段落、章节、整篇作品等。英国的语言学家曾经说过，每一个新的单词在一个新的语境当中就会被赋予一种新的含义，这也更好地阐释了词汇如果离开了具体的语境，就是毫无意义的符号[1]。就比如我们想表达好的意思，好的天气可以用"fine"，好孩子可以用"great"，好丈夫可以用"dutiful"，虽然每个单词不同，但是其表达的意思确实一样的，同时也代表着各自不同的含义。因此，翻译者在翻译过程中要根据语境来取舍诸多词义，达到最准确、最精确的效果。

（二）文化语境与词汇选择

翻译工作中肯定会发生两国文化之间的碰撞，因此，作为一名优秀的翻译工作者，了解两种文化比掌握两门语言还要来得重要，语言是其文化的产物，只有正确理解语言的文化背景才能真正地领悟语言的含义。就比如中西方生活文化的差异，一般在西方问好就是 say hello，而在中国则是问"你吃饭了吗"或者"你上哪儿去"，如果真的把它们翻译成"Do you have a meal"或者"Where are you going"就丧失了原话的意义和应酬功能，西方国家会认为这是一种打探人家隐私，不礼貌的行为。所以，在翻译的时候应该用类似的语言功

[1] 左滢 .ACTIVE 教学模式在高中英语读写结合课中的实践研究——以 School life 教学为例 [J]. 英语教师，2017，17（04）:141-143.

能进行转换，达到能够让人通俗易懂的目的。

（三）情景语境和词汇选择

每一个语言活动都会发生在特定的情景语境当中，同时也蕴含着特定的思想和感情，因此，每一个词不仅仅是由语言因素来决定的，还与情景语境息息相关。就好比小说中描写主角闷闷不乐地去散心用“mope round”而不用“walk alone”，前者的意思是没精打采地游荡，后者的意思是独自走着，从情景语境中就可以看出“mope round”更贴切地表现了人物的无助感。

总而言之，语境在英语翻译中的作用是至关重要的，如果不能很好地分析翻译内容的语境就会导致翻译的主题会与原文有所偏差，那么就会失去原文的传播意义和风采。因此，这需要我们广大的翻译工作者充实好自身的文化素养，增强专业知识。

第二节 跨文化翻译与文化人类学的发展研究

文化人类学的重要任务之一是对异域文化的描述。因此，翻译问题始终是文化人类学研究的一个核心问题。民族志的撰写过程是对于异域文化的描述过程，也是一个翻译的过程，这种翻译不只是文本翻译，更是一种涉及跨文化翻译的问题。在全球化和跨文化的大背景之下，文化人类学翻译理论有了新的出发点。文化人类学视角下的跨文化翻译为新时期的翻译理论研究提供了新的素材，特别是对于后殖民主义翻译理论提供了理论依据。

文化人类学自诞生以来就一直对翻译问题充满兴趣。不仅如此，甚至可以说，文化人类学本身就是翻译科学，而且是跨文化的翻译学。跨文化翻译的核心问题始终贯穿着文化人类学和人种学各种理论方向的始终，它已经超出了语言翻译的范畴，这是与语言层面翻译研究的最大不同。文化人类学视角下的翻译是一种社会实践行为，同时也是跨文化交流的一种形式。它按照不同的社会文化关联性揭示了意义的多样性。文本层面的翻译研究在这里也获得了扩充其研究范围的基础。

文化人类学翻译的一个主要问题是把陌生文化，特别是欧洲以外的文化“译入”西方接受者所熟悉的语言、经验范畴以及精神世界。同时还要保证陌生文化应该在西方自我阐释的主导思想下被理解，也就是说，按照西方自己的思维方式、象征和符号来理解。这一点正是美国文化人类学家克利福德·格尔茨所和他所秉承的阐释文化人类学所提出的一个重要要求。显而易见，文化人类学的研究过程是一个复杂的翻译工程，没有文化分析、阐释和建构，文化人类学研究便无从谈起。文化人类学研究中的翻译行为可以分为如下几个阶段：

20世纪初，文化人类学进入了田野考察的实践阶段，因此，相关外语的学习和翻译就成为必不可少的前提条件。人类学家把许多口头表达的词汇和内容翻译成为一种能够反映完整生活方式的表达，并从中重新构建出一种文化关联性。但存在的问题是，他们无法把这种翻译回溯到某个特定的原始文本。

第二阶段，乡土概念和重新建构的文化联系经过翻译，成为民族志读者所熟悉的语言和表达方式。民族志学者对于异域文化进行的田野研究被翻译为专题性的文章。这样，民族志对一种当地文化的事件和习俗的内部描写：一方面需要把口头的表达翻译为书面的固定文本，这种要求成为反思文化人类学研究的一个挑战。另一方面，民族学必须是一种文化比较的科学，包含大量的比较性和分析性的概念，如亲属关系、权利结构、社会矛盾、等级制度等。这时就出现一个悖论，即在翻译异域文化的时候，必须用西方的概念来描述异域文化的本土性内容。

第三阶段，以特有的核心范畴“文化”为媒介的人类学蓬勃发展。文化人类学翻译被视为一种特别的文化实践，并与其认识论的大环境密不可分，如殖民主义、东方主义。由于历史上民族学与殖民主义一直紧密合作，因此文化翻译与权利关系至少是文化不平等性紧密相连。

民族志翻译的多样性主要产生在下面几个转化阶段。如，在把异域文化体验转化为文本的时候，把田野考察转化为专业著作的时候，从口语转化为书面语，把欧洲以外的异域思维方式转化为西方人熟悉的表达方式和理论。在这一系列的转化之中，文化人类学翻译的实践和反思扩大了翻译的概念，即翻译从纯粹语言的转化过程演变为文化转换过程。这对于纯粹语言层面的翻译研究来说无疑扩大了研究的视野。文本翻译和语言翻译已不单单是词汇文字的翻译，它还包括与文化相关的思维方式、世界观和行为方式的研究，并且能够区分出文化差异，甚至翻译本身成为一种跨文化交际行为。

一、民族语言学，田野考察与翻译

自 20 世纪 20 年代初美国文化人类学研究的第一阶段以来，翻译问题仍然来源于对于外来语言的经验研究，当时主要是对于印第安语的研究。其中获得的人类语言学的知识在理论层面上与萨丕尔—沃尔夫假设紧密衔接，这就是所谓的语言相对论。按照该理论，不同的文化决定了不同的文化价值观和对于世界的体验。按照这种语言决定论和文化相对论，不同文化之间的翻译（至少是准确的翻译）是不可能的[1]。20 世纪 60 年代以来，人类语言学朝着会话和交流的民族志方向发展，研究内容已不侧重于语言结构和语法，而更多地对语言的功能进行研究。并且在可比较功能的层面上突出可译性，并扩展到非语言因素。这种民族语言学的结构功能主义与英国社会人类学的观点非常类似，后者认为，翻译是民族学研究的重要活动，它通过田野考察中的“直接观察法”确立了自己的重要性。

文化翻译理论肇始于 20 世纪初的田野考察方法。田野考察最主要的方法是“直接观察法”，这种方法融合了个人体验与科学分析。仅仅依赖语言知识本身不足以理解一种文

[1] 刘小琴 . 应用型本科高校“英语语言学”教学存在的问题与对策 [J]. 英语教师，2018，18（07）:56-58.

化。人类学家马林诺夫斯基曾详细论述了撰写民族志中出现的翻译问题，其出发点最早来源于对于异域文化语言表达和文本的语言学材料的分析。1935年，马林诺夫斯基把他对于民族志翻译的思考写入了其著作《整体语境翻译》。其中，他创造了“意义语境区分理论”。该理论不仅考虑文化的整体语境（如道德观、美学观等），而且还考虑了与特定场景相符的情景语境（如词汇功能、会话行为等）。马林诺夫斯基认为，民族志撰写的核心难题是神秘话语的功能和它的仪式作用，对它们的解读必须依赖熟悉异域文化的知情者。他认为熟悉情况的知情者能够阐释神秘的瞬间、暗示、专有名词和神秘的假名。没有他们，神秘性便无从翻译。民族学翻译虽然是以源文化的语言为对象，但是必须走出原住民语言的概念，而且还得借助于科学的概念和民族志与语言学的描述与评论。

马林诺夫斯基之后，爱德华·埃文斯—普里查德（Edward Evans-Pritchard）对于民族学翻译问题进行进一步的研究。在他的研究当中，文化翻译成为核心概念。自20世纪50年代以来，它的运用为英国社会人类学的研究奠定了基础。社会人类学家通常致力于研究并不熟悉的文化。这一事实使他们不得不面对翻译的问题。因此，1971年出版的埃文斯—普里查德纪念文集特意被命名为《文化的翻译》。这个标题反映了埃文斯—普里查德对于翻译问题的一个基本设想，即如何把不同的语言，特别是氏族社会独特隐喻和思维方式翻译成为欧洲的语言和合理的想象。如埃文斯—普里查德在其名著《努尔人》中对于苏丹努尔人语言的研究中发现，努尔人经常说“双胞胎是鸟”，这句话应该如何翻译？文化人类学翻译中的一个核心问题是宗教信仰概念的翻译。许多信仰概念只能用冗长的词汇进行翻译，即使成功地翻译了字面意义，也很难保证实际内容与源语文化相符。

对于文化人类学翻译问题的另一个反思来自英国的社会人类学研究，它要求在翻译田野考察经验时一定要“语境化”。这一点特别在相对主义——理性论的讨论中明显地表现出来。在这次争论中专门讨论了文化人类学翻译的认识论基础，如异域文化思维方式是否可以翻译和理解，一个客观的、不依赖于语言的世界是否可以被客观反映出来等。这场争论旷日持久，其核心问题始终是外来文化翻译和理解对于语境的依赖性。它一方面涉及词汇翻译的语境化过程、分类（例如色彩的区分）以及如何包含异域文化的概念和行为方式。另一方面，这种语境化又不仅仅局限于词汇和语言转换过程。它要求译者要全面了解异域文化的思维方式和世界观。我们要翻译的不是词汇，而是要翻译一种认识世界的方法，这个世界是我们必须去理解和学习的。因此，翻译不应只服务于片面的、欧洲中心主义的理解方式，而更应该促进文化间的交流。为此，克利福德特别列举了传教士的例子，如法国传教士和民族学者莫里斯·利恩哈特（Maurice Leenhardt）20世纪初在新喀里多尼亚传教时，做了大量的翻译工作。

塔拉尔·阿萨德就特别注意到这一点，并且和英国社会人类学的翻译观进行了长时间的争论。如，阿萨德曾经向英国人类学家欧内斯特·盖尔纳（Ernest Gellner）的观点提出挑战。盖尔纳曾多次指责，功能主义社会人类学在翻译外国社会的话语时过于肯定和宽容，缺乏理性的批判和评价。由于语境阐释的方法和文化相对主义，外来思想被赋予了意义和关联性。英国人类学家和宗教学家戈弗雷·林哈德（Godfrey Lienhardt）的著作中就充分体现了这种文化翻译中的关联性原则。阿萨德认为，盖尔纳这种在人类学翻译中保持批判性距离的观点无助于研究分析异域思维结构，而只是追随西方合理性、客观性和逻辑性的标准。因此他对于这种狭隘的翻译观提出质疑。阿萨德认为，民族学翻译实践是一种存在于不平等社会之间的制度化的社会实践，民族学翻译本身受到权利结构和语言文化不平等性的影响。在他看来，这种保持距离的翻译论也受到语言不平等性的影响，这种不平等性主要体现在口语和书面语的差异以及第一世界和第三世界语言之间的权利落差。

二、“文化即文本”理论的反思

阿萨德的批判也适用于另一个文化社会学翻译反思的主要观点，即“文化即文本”。该观点的主要持有者是克利福德·格尔茨。文化社会学研究主要依赖的是在“文化即文本”的背景下对于“原住民的观点”的翻译，也就是说，文化实践就像文本一样可以阅读和翻译。异域文化只有具备文本的地位才能变得客观。这样，在远离主观判断的情况下，文化意义被记录下来，并且固定在意义和文化内部自我阐释的社会体系之中。文化是一种由社会全体成员共同编制的意义之网，通过这张意义之网，人类行为不断被翻译为具有阐释作用的符号与象征。文化符号学认为，文化是一种符号体系和文本结构。这样的视野凸显出文化的可译性，但同时也出现了对于文化整体性的疑问：不是整个文化而是象征、仪式和实践作为文化的意义载体进入人们的视野。在它们之上建立了一种翻译策略，这种策略通过重要的部分阐释并反映了文化的整体性。在这个节点上，以文本为导向的阐释性的文化社会学与文学理论和翻译研究中的所谓“人类学转向”相会合。

在文化人类学的发展中，对于语言的研究始终是其重要的组成部分。语言学家和人类学家罗杰·基欣（Roger M Keesing）曾经反思过文化人类学中文化翻译的危险性。他从隐喻翻译的知识论难题着手研究。他认为，由于人们在会话中借用其他概念来谈论自己的某个体验区域（如情感），因此所有文化中的日常会话均渗透着各种传统的隐喻。这种所谓“隐喻性会话的整体”会引发这样一个危险，即人类学家赋予了异域文化的日常会话以更大的意义。原本是一种异域文化中的隐喻意义的表达，却被这些人类学家们过度阐释，这样便会导致文本的误解，甚至是“误译”。如译者在翻译过程中用名词取代源语中的动词，这样，一个充满动态与过程的世界就会被一个静态的实体世界所取代。或者译者把异域文化中丰富多彩的想象或观念仅仅局限在某个西方语言的概念之中。对于文化翻译困难性的分析以及对于“异域文化概念”可译性的质疑已经远远超出了自身的范畴。它们同时还扩大了文化人类学中的翻译观，即翻译不仅被视为理解的手段，而且还是一种“建设性误解”的过程。文化人类学更大的挑战不是文化翻译的成功，而是它的失败。

三、翻译与表现

翻译是一种文化转换的模式。随着人类学研究中的语言学和社会学转向，对于文化人类学翻译策略的反思也经过了多次修正。它从文化理解和文本阐释层面转移到表现批判的重点。20 世纪 80 年代兴起的所谓“书写文化争论”，把人们的注意力转向了书写过程和修辞的表现手段。对于文化“原文”的忠实性讨论已退居次席，取而代之的是对于表达习俗、语言形象性、叙事方法以及异域文化所产生的历史与社会条件的讨论。民族志文本的创造者无法回避表现性的传喻、讽喻和隐喻。因此，当他们翻译的时候不得不对它们的意义进行选择和附会。因此，民族志的描写事实上成为具有独立文本地位的阐释性的翻译，它当中大量运用文学描述策略和会话策略，以及各种表达方法（如反讽、比喻等）。克利福德认为，这时没有精确的翻译，只有借代性的转换。这样，“通过民族志的翻译来传递纯正的异域文化”这一个普遍的观念无疑是错误的。

19 世纪 80 年代的书写文化争论凸显了跨文化表现的问题。自此，人类学专著中的经验翻译成为一个很大的问题，正如文化翻译过程中的文化虚构过程一样。人类学实践自身被视为一种创造性的翻译过程，这个过程包括对于文化整体性的整合和创造，并且反映了跨文本所应具备的前提条件、表达的传统以及文化概念的变迁。翻译理论的人类学构想一直是一种所谓“独白式的表现”，后来从中产生了“对话人类学”，即通过与原住民的对话进行表现。它虽然没有给内在的文化整体赋予其文化意义，但是却突出了多元视角翻译的必要性，这种翻译能够正确应对一种文化当中各种不同的，甚至是矛盾的声音。即便如此，对话式的翻译策略也无法消除文化间的权利不平衡以及民族志撰写中的选择垄断。相反，改变对于一种文化的理解，对于民族志翻译理论构建具有更大的影响。以所谓“超越界限”为标志的一种新民族志重新定义了一些传统的核心概念，如“他者”“直接观察”和“文化翻译”，等等。这样，随着“书写文化争论”，民族学翻译理论也出现了新的变革。文化翻译在这里不只是局限于文字与文本，还包括语用学、言语行为和语言行为。挪威奥斯陆大学人类学教授乌妮·维坎（Unni Wikan）对于一个明确的文化人类学翻译理论的构想就具有“超越词语”的目的。这样，文化翻译就不仅是词汇意义的转换，而是应当介绍语言的使用和影响、行为主体的表达目的和非语言交际。与文化作为文本的观念不同，这里，主体间的意义生成和它与说话者意图的关联性得以强调（Wikan）。因此，欧洲民族学片面的翻译独断性就受到了质疑。

这种质疑起源于詹姆斯·克利福德（James Clifford）。他认为，即使以对话方式开展，民族志翻译始终包含翻译独断性。因为田野考察的具体经验被转化成为一种所谓的“独断性描述记录”。这个翻译过程体现的要么是观察的独断性，要么是表达方式的片面性。目前，在翻译独断论的视野中，文学翻译也被重新视为一种对于语言和文化的表达权利和支配权利。这种新的翻译观起源于萨义德的东方主义批判理论。这里，翻译学的观察角度已经转向了翻译的权利视角。

这种关于文化翻译和文本翻译权利关系的认识成为文化人类学和后殖民主义理论的结合点。在这个结合点上，民族志的翻译问题被赋予了政治意义，即所谓"（第三世界）文化翻译政策"。翻译对于权利的依赖性受到批判，同时要求第一世界的"强势语言"要在第三世界的"弱势语言"的影响下学会改变。这与德国思想家本雅明和翻译家鲁道夫·潘维茨的翻译观一脉相承。后者认为，母语应该从外语中汲取灵感。

四、后殖民主义与翻译

后殖民翻译理论的理论基础是后殖民理论。它通过研究译文与历史条件之间的关系揭示译文背后源语和目的语文化之间的权利斗争和运作。在西方翻译史上，翻译行为始终具有政治和文化政策意义，因为它涉及权利、殖民主义和语言的不平等性。文化人类学从两个层面对于翻译进行反思：一是来自于经验研究的反思；二是基于知识论层面的反思。反思的出发点主要是殖民者和被殖民者之间的关系，当然还包括传教翻译，特别是欧洲殖民地中传教翻译家和民族志撰写者的相互利用的关系。在这个背景下，翻译行为被视为一种种族与性别的建构行为。

来自经验研究的反思主要来自三位学者。一是爱尔兰都柏林城市大学应用语言学与跨文化交际学教授迈克尔·克罗宁（Michael Cronin）。他关注的重点是欧洲内部的殖民主义及其对于语言的影响。他认为翻译是对于原住民语言的削减，例如爱尔兰原住民语爱尔兰语和强势语言英语的关系。二是美国华盛顿大学东南亚历史学教授文森特·拉斐尔（Vincente Rafael）在研究了西班牙在菲律宾的殖民史后认为，翻译行为不是文字间的和谐转换，而是对于少数族裔和原住民语言的压制。三是美国康奈尔大学人类学教授詹姆斯·西格尔（James T.Siegel）主要研究了多语种国家（大多数超过上百种语言）文化内部的翻译过程。西格尔教授认为，同一文化内部的多语种翻译实际上减少了弱势语言的数量，并且形成了语言等级制度。

知识论反思的切入点强调了交互翻译的重要性，也就是说，翻译不应该只是西方单方面学习异域文化的手段，而应该是各种文化相互影响的互动过程。传统意义上的翻译过程是以两种不同的话语为前提，它们之间互为客体。而新的民族学则更强调话语平等性和互文性，它放弃了传统的二分法思维，把两个不同的世界联系起来，并且支持在文化人类学的发展中回译民族志文本。

一种文化被接纳到另一种文化的过程中，翻译问题便会凸显出来。这不仅仅表现在欧洲文化接受外来文化的过程中，而且也包括欧洲以外的文化在现代化过程中对于欧洲文化的接受。此时，翻译理论包括了各种文化实践，而不仅仅是思维方式。我们需要系统地考虑翻译西方社会实践活动话语的先决条件和后果，这些实践活动包括法律、银行体系、公共管理、教育等。话语转换会导致对于相应实践模式的接受，例如日本社会对于欧洲社会模式的接受。在这种情况下，翻译成了进入世界文化的入场券。而这种发展不利的一面也引起了人们的反思。这种现象主要体现在对于跨民族翻译的文化抵抗性。所有的跨民族文化研究都必须进行翻译，这破坏了国与国之间的统一性。这样，重译与重写便成为反对殖民历史的手段。

全球化时代的翻译实践的特征是不同文化层面的重叠和转换。这样，文化就不再是一个封闭的传统和身份认同的因素了。文化不仅被翻译，而且还在翻译中得以建设。也就是说，文化可以理解为翻译过程的组成部分或者结果。文化及与其结构特征始终在被翻译。文化人类学和后殖民主义不仅注意到了文化之间的差异，还注意到了文化内部的差异。文化的这种翻译特征被称为“混合性”。此时人们发现了翻译中的新的元素：国家和文化不再是决定性的，最重要的是世界民族融合当中本地化和全球化之间的互译形式。文化不再是翻译的对象，而是冲突、差异、重叠和混合的过程。翻译概念的重要性在于，它反映了文化概念已经变化成为一种协调文化差异的手段以及文化整合的过程。在后殖民主义的背景下，翻译逐渐成为文化人类学研究中的一个重要内容。在社会层面，翻译创造了不同文化之间的进行交流的社会与政治条件，甚至包括一种文化内部不同社会族群的交流，例如印度社会中低种姓族群争取话语权的运动。翻译实践同时也激发了重新区分文化理解与文化比较的方法。在全球化和跨文化的大背景之下，文化人类学翻译理论有了新的出发点，即文化并非优先存在，而是通过文化接触逐渐定型。这种文化接触的区域被称为“文化差异翻译的第三空间”或者“跨文化间隙”。在方法论和知识论的层面上，克利福德认同“文化即翻译”的观念。他认为，文化人类学中的文化比较其实就是翻译过程，它所探寻的概念必须要有一个界定，至少不仅仅是普遍化的西方文化意义。他说：“我所谓的‘翻译概念’是指一个偶然用来进行比较的具有普遍意义的词汇，如文化、旅游、艺术、社会、女性、现代性等”。这些概念在其扩展意义上适用于文化比较。这些翻译概念不仅可以用来比较，并且区分差异，还能够使文化人类学具有跨学科文化研究的意义。

目前，文化翻译的地位不断提高，已经成为用来弥合全球化世界中文化差异的一种方式。爱德华·里奇在20世纪70年代就曾经提出要建立民族学翻译方法论：“人类学家应当建立文化语言翻译的方法体系[1]。在一个充满通信卫星和超音速飞机的越来越小的世界里，这样的工作十分重要，而且值得一做。”里奇把翻译置于一个文化分级的地位。而如今，文化间的翻译更是一种“文化斡旋”。但是这个重要的任务并不能全部留给文化人类学去完成。目前重要的是在一个全球化的世界中进行“文化管理”，这个任务无法只由“文化翻译”来完成。

[1] 王令申．英汉翻译技巧[M].上海：上海交通大学出版社，1998.

第三节 英语翻译中的跨文化视角转换与翻译研究

就英语翻译来讲，并非对语言进行简单的转化，而是要将文化内涵贯穿其中，这样才能保障英语翻译的准确性。因此，在具体翻译中，必须注重文化存在的差异性，且要善用文化差异做好英语翻译工作。基于此，本节将着重对英语翻译中跨文化视角转换以及翻译技巧进行探讨。

视角转换指的是将文化背景的影响忽略，翻译者根据原语言的信息将其作为目标语，然后利用角度转化的形式，让译文的最终表达形式与读者的习惯保持一致。从跨文化的视角转换来讲，主要有正反转换与虚实转换。其中正反转换是视角转换最为常用的一种形式，能够对汉语与英语之间进行有效转换。虚实转换大致就是将具体概括化，或者抽象概念具体化，在具体翻译中通过虚实转化的形式可以将语言特征带来的差异降到最低，从而提升翻译的准确性。因此，英语翻译中跨文化视角转化非常重要。

一、汉语与英语之间的差异表现

（一）生活习惯与风俗文化的差异

不同的国家以及不同的地区，人们的生活习惯与风俗文化都存在着一定的差异性，这是由于各个地区民族特色与环境差异而引起的。同样，这也是汉语与英语之间存在差异最为明显的因素。中英地域上相差很远，其环境差异方面很大，所以风俗文化、生活习惯、生活方式、表达方式等细节之处都有差异。英国人思想观念由于地域四面环海所以比较开放，对外交流开发程度较高；而中国地大物博，大部分居民深处内陆，在思想观念上则显得相对保守。

（二）思维方式方面的差异

西方人善于抽象思维、逻辑思维，而中国人更多的是形象思维。抽象思维一般指的是人善于对事物的概念进行探索、推理、理解等，而形象思维则主要指的是对一个事物形象进行直观呈现。例如，在实际生活之中，拌嘴就是“bicker”，其本质意思是“抬杠”“斗嘴”，倘若再上升一点，则成为吵架“quarrel”，而动手则是“fight”。而在关于个人行为管理方面的翻译过程中，“concrete”有两个常用的意思，在作为形容词使用时，则是“具体的”的意思；而作为名词使用时，则是“混凝土”的意思。“ingrain”则有“根深蒂固”之意，在对个人习惯养成进行表达时，放弃使用“build”或者“cultivate”，“ingrain a new habit”就是表达新习惯的使用。从进化的角度对新习惯、新目标的机制进行总结，这样则可以在具体翻译之中对这样的搭配进行正确的使用。

（三）文化背景存在的差异

文化差异往往会带来一定程度的文化冲突。一个国家在建立初期，都是在不同的文化表现形式上逐渐产生发展起来的，而这些文化表现形式其外在的表现就体现在“文化差异”方面。因此，在具体翻译中，必须重视文化差异，从而注重各种语言的表现形式与表达形式，从而保障翻译的准确性与客观性。例如，在对美国总统特朗普的相关信息进行翻译的过程中，则必须要留意到美国总统大选过程中，民主党与共和党其实在政见上是不同的，美国贫富两个阶段的分裂，是精英（Elite）与贫困阶段（White Trash）的分裂。而希拉里则是精英阶层的代表，所以，她在美国教育程度最高的50个区域中获得非常高的支持。倘若未能深入了解这些文化背景的差异，而以中国人的思维进行分析，则可能在翻译上出现错误。

二、英语翻译中跨文化视角转换和翻译技巧分析

在很多方面，文化其实是影响着语言的，翻译本质是要对语言进行转化，同样也可以将其看成是文化之间的交流[1]。翻译要确保语言的准确性、客观性，优质的译文才能与读者的语言习惯保持一致。英语翻译包括语音翻译、词汇翻译、语法翻译等。广义的跨文化视角所涵盖的内容比较全面，而狭义的跨文化视角则注重的是从不同的视角进行转化从而表达同样的意思。在具体翻译过程中，常用的策略有归化策略、异化策略，其中包含了形象、虚实、正反、词类、修辞等方面的转换。

（一）归化策略

归化策略指的是将有差异性的语言转化成为读者习惯的译文，其目标是将当中的差异性降到最低，确保译文与原文的意思保持一致，且还要确保译文符合读者的日常阅读习惯，这样可以让读者感受到文化之间的相同之处以及差异的趣味性。归化方法具体如下：

（1）人与人、人与物之间的视角转换。中西方生活习惯、文化背景有很大差异，在语言使用过程中，中国人通常会以“人”为主语，而引语通常是以“物”为主语。因此，在进行英语翻译时，应当充分考虑“人与物”之间的转换，从而确保人称对应的正确性。

（2）句式转换。句式转化指的是将英语的一些特殊句型反映成为符合读者习惯的中文句型。英语语言的句型很多，但是通过汉语进行表达，其句型相对是比较固定的，因此，在具体翻译时要将英语的一些句子转化成为正确、合理的汉语句型。

（二）异化策略

异化策略是在文化差异的背景之下提出的，具体指的是翻译过程中要紧紧围绕实际情况而通过反方向的角度进行翻译，也被称之为“语义翻译”。异化策略具体包括正反词转换、相悖语态转换。正反词转化指的是应用正词进行翻译或者进行否定表达，从而确保翻译的

---

[1] 杜开群．关于高校英语语言学教学问题及对策分析 [J]. 山东农业工程学院学报，2017，34（02）:5-6.

准确性。相悖语态转换指的是将英语当中的主动语态以及被动语态转化成为汉语之中的习惯用的语态。例如，英语当中的被动语态转化成为汉语之中的主动语态，这样可以提升翻译的准确性。

综上所述，随着经济全球化的深入，中国与各个国家的交流日益频繁，其中与以英语为母语的国家之间的文化、政治、经济方面的交流更为突出。因此，英语翻译是一项非常重要的工作，在翻译中注重准确性以及符合读者的阅读习惯是非常重要的，所以，在实际翻译中要善用各种有效翻译策略，从而提升翻译的质量。

第四节　关联理论与隐喻的跨文化翻译研究

隐喻是一种语言现象也是一种认知现象。由于中英两种语言文化中隐喻现象存在许多的相似之处和差异的地方，本节将从几个方面来对比中英文化里存在的隐喻现象。另外，翻译作为跨文化交际活动的一个桥梁，要成功地将中英文化里的隐喻现象互译，作者将根据关联理论的翻译观来探析隐喻的翻译问题。

无论是英语还是汉语，隐喻现象都大量存在。美国学者 Lakoff 和 Johnson 认为隐喻不是一种简单的语言现象，而是一种认知方式，语言中之所以存在隐喻表达，是因为我们的概念体系中存在概念隐喻，它源于人们的经验，它是身体、经验、大脑和心智的产物，只能通过体验获得意义。隐喻植根于社会文化，是文化的构成部分，同时也在很大程度上反映一个社会文化的内涵。因此，在跨文化交际中隐喻所体现出来的共性和差异是值得我们注意的。翻译作为跨文化交际的桥梁，对不同文化中所存在的隐喻是不可忽视的。然而，隐喻的产生将两个不同事物的某一些相似特征联系在一起对事物进行重新组合、编码的结果，而人们在理解这样的过程实际上必须通过关联理论的明示 - 推理过程，需找出两事物间的最大关联和最佳关联。因此，本节试图分析中英两种语言隐喻现象的相似和差异部分，以便更好地就中英互译的策略进行探讨。

一、隐喻的内涵及其特征

自古以来，隐喻一直是国外学术界尤其是语言学界各研究领域青睐的一个研究对象。西方对隐喻学的研究可以分为三个阶段：隐喻的修辞学研究、隐喻的语义学研究和多学科研究。修辞学家认为隐喻是一种修饰话语的手段：哲学家认为隐喻性是语言的根本特性，人类语言从根本上来说是隐喻性的；认知科学家则认为隐喻是通过另一类事物来理解和经历某一类事物，它是将两种完全不同概念的事物通过含蓄、映射或婉转的表达方式达到形象比喻的言语行为。

随着语言学、语义学、认知心理学科不断发展，人们对隐喻现象也有了新的理解，有了较为系统和全面的认识。隐喻涉及两个方面：出发点和目的地。Lakeoff 等人将前者称为“源”（source），后者为“目标”（target）。汉语中将这两个方面称为“本体”与“喻体”。在汉语里要实现一个完整的隐喻，通常由“本体”和“喻体”两项构成，两个概念互相作用，并根据百科知识来激活日常观念联想系统。喻体的某个特征（或称联想意义）被投射到本体上，便形成隐喻意义，隐喻意义在两者相互作用的过程中创造出来。比如“Arabs believe that time is a servant not a master.”time 就是本体，servant 和 master 就是喻体。根据这句话的意思，听话人必须根据说话人的文化背景和自己的经验和百科知识分别在源域和目的域中找到对应的映射并推理 time 是很多的并且应该为人提供服务而不能像主人那样受到时间的控制。此外，隐喻具有另外特征，有时候它含有的概念与字面意义完全不相符，即非字面含义，这由于词义是有延伸含义的。例如：It rains cats and dogs. 本句按字面意思难以理解。此句中“cats and dogs”为名词性隐喻，其引申意为“heavy rain”（倾盆大雨）。

隐喻的理解过程就是寻找“源”和“目标”即是喻体和本体的相似性，从本质来说就是寻找其最佳关联的过程[1]。事物之间虽有千差万别，各自存在，但彼此间又是相互联系的，无论怎样事物之间总是会有千丝万缕的联系或一定程度上的相似性。80 年代以来 Lakoff 不断发展和完善了隐喻理论，他认为映射反映的是认知空间之间的关系，并且隐喻是从一个比较熟悉、易于理解的源域映射到一个不太熟悉、较难理解的目标域。

二、中英语言中隐喻共性

隐喻是一种不同概念域之间的映射关系，这种处于两个概念域里事物的对应使得人们能够运用源域里的知识结构来认识目标域里的知识结构。在人类社会里，由于具备相似的生理特性和拥有类似的赖以生存的自然条件和生态环境，便使人类语言中的不同概念域中不可避免地具有一定的“共质性”（homogeneity），这种跨语言的“共质性”便是英汉隐喻能相互理解的基础，也是英汉隐喻中许多相似的隐喻现象出现的主要原因。

（一）文化间的同化与吸收

Lakoff 认为隐喻是以认知为基础的同时，也是建立在社会基础之上，即隐喻是以社会文化为基础的。也就是说，不同的文化背景对隐喻有不同的理解诠释。因此，理解、研究隐喻必须结合文化因素和认知因素来展开。一种特定的文化首先在一特定的地区形成并且成熟，然后被传播到其他地域，最后被逐渐接受、吸收和同化。上个世纪末以来，随着经济的迅速发展、国际交流的不断加强，文化的交融成为可能。一些英语里的表达逐渐被中国文化所接受，成为中国文化的一部分。如“crocodile’s tears(鳄鱼的眼泪)”“armed to the teeth(武装到牙齿)”等都是在英语中，这样的隐喻也在汉语中受到同化并得到了承认。另外，汉语的“纸老虎”（the paper tiger）、“丢脸（lose one’s face）”等已融入英语当中了。

隐喻认知结构在一定程度上反映一定的社会文化，隐喻本身是文化的构成部分。汉英

[1]　郑雨. 高校英语教学中模糊语言学的语用意义分析 [J]. 西部素质教育，2015，1（06）:46.

语中大量相同或相似的隐喻表明汉英文化正走向趋同。英汉里存在许多相同或相似的隐喻现象，这表明英汉具有隐喻的共质性。

（二）地域间文化的共核

在大自然的生活环境和不同的地域里，人类都有着基本相似的生存需要、生活方式和思想感情，因而有些文化几乎同时发生和存在于不同的地域。但是受到相似的生活需要和模式的影响，不同地域的文化和思维方式却有“集合”，或者说是文化共核。这种文化的相似性必然反映在语言中，使不同的语言中存在着大量的对等、对应或相似成分。比如，英汉语言中用隐喻概念表达情感的现象较多。比如“anger”这个词语，尽管其隐喻概念在英汉语言中表达方式有些不同，但其基本隐喻概念是相同的：flame of anger，Anger is fire 等；汉语中也有类似的说法：“怒火中烧”“火冒三丈”等。这些英汉的表达都证明对情感的隐喻化表达是相似的，并且体现出语言间的共性。此外，英汉语言中都用羊比喻温顺，用钢铁比喻坚硬，用狐狸比喻狡猾等。此外，英汉习语中也有相似谚语表达，例如：火上加油（add fuel to the fire）；大海捞针（look for a needle in a haystack.）等。由此看出虽然人们生活在不同的地域，但是英汉文化里的人们也具备相似的文化共核。

（三）方位性隐喻概念的共性

方位隐喻指参照空间方位而组建的一系列隐喻的概念。由于人们最初的感知是从感知自身运动和空间环境开始的，在认知和语言发展过程中最初用于空间关系的词语后来被人们用来喻指时间、过程关系等抽象概念，逐渐形成了概念隐喻的认知。如在中英文里人们都习惯用一些表示方向性的词将人们的日常的感受和社会现状联系在一起来，比如：“上下（up，down）”“前后（forward，backward）”“高低（high，low）”等来喻指感受。

例 1：“I was feeling a little down this morning”，said Corporal Daniels after reading a letter from his girlfriend，“so now I am back up.”

（译文：下士丹尼尔在读完女朋友的来信后说道：”今天早上我觉得很郁闷，但现在又重新振作起来了。）

例 2：The government should take the opportunity of demanding a more forward looking attitude.

（译文：政府应利用这一时机要求一个更有远见的态度。）

The backward place has changed into an industrial centre.

（译文：那落后的地方变成了工业中心。）

在英语中“up，forward，high”等通常代表肯定、积极的一面；而“down，backward，low”等代表否定、消极。同样，在汉语我们也能找到许多类似表达，如：“上”“升”“高”的意象就通过一种自然而然的隐喻转换而具有了善尊、成就、荣耀或权利等象征性的含义。同样，“下”“落”“低”也具有了卑下、沉沦、堕落、衰亡、失落等隐喻性的内涵，诸如“低沉、后退、下贱、落败，高尚、前进、上层、高歌……”。

三、中英语言中隐喻个性差异

Lakoff认为隐喻是以社会文化为基础的。众所周知，不同的民族有着不同的文化，而不同的文化之间既有各自的个性又有普遍的共性。由于各民族生存的具体环境不尽相同，在物质文化、社会文化等方面存在诸多差异，使人们通过不同的角度和方式体验现实世界所发生的一切，形成具有差异的观点和认识。因此，不同的民族必然形成不同的思维方式和认知模式，进而造成英汉语言中隐喻概念的差异性。

（一）文化差异

隐喻是通过一种“相似联想”过程对本体进行设喻的，不同文化背景给人们带来的联想也不尽相同。传统文化观念、历史文化背景等因素均在隐喻中有所体现。比如，狗在英语文化里被人们固化上了忠诚的联想，因而以“dog”为喻体的英语隐喻多为褒义，如“lucky dog（幸运儿）”“jolly dog（快乐的人）”“an old dog（经验丰富的人）”等。相反，在中国文化中则把狗看成一种讨人嫌的动物而横加贬抑，诸如“狗仗人势”“狗嘴里吐不出象牙”“狼心狗肺”等。再者，如“龙凤”在中国的传统文化中代表吉祥如意、大福大贵内涵的瑞兽，中华民族更称自己为龙的子孙。然而，在西方人看来“dragon”是一种残暴的怪物，是邪恶的象征，喻指凶恶的人。这种“可怕的怪物”与中国人心目中的“龙”是迥然不同的两种概念，其文化含义是完全不同的，如“the old dragon（撒旦，魔鬼），dragon’s teeth（相互争斗的根源）”。

（二）思维方式与审美差异

隐喻作为思维模式的一种体现，也作为语言的一种修辞手段，以“联系”为心理基础，将两个不同事物的某一些相似特征联系在一起。中西方由于人种、文化的差异，具有不同的审美观和思维方式，比如两个民族对动物和颜色的隐喻非常丰富但又各自有别。如“green”一词表示一种强烈的感情：green as jealousy（非常嫉妒）。在汉语中，妒忌别人的人被形容为“红眼病”；而在英语中，形容此类人则用“green-eyed”。又如，汉语中的“梅兰竹菊”四君子，千百年来以其清雅淡泊的品质，被用之来美喻其高风亮节成为一种人格品性的文化象征，然而这样的联想是不可能发生在英语民族身上的。此外，中西方语言对于情感的表达也体现了思维的不同，其根本原因归结为两个民族的宇宙观不同。英语民族惯于借助宇宙星体和自然界事物来隐喻其感情和情绪。如：I feel I am in heaven（快活极了）；After hearing the news，he was walking on air（高兴得了不得）。而汉语中多是依靠人身体各部位或是附着于人体的东西来表达。如：手舞足蹈，咬牙切齿，肝肠寸断，七窍生烟，恨之入骨等。自古以来，汉语在表示情绪和感情时，喜欢借助于人本身。相反，西方人认为世界上万事万物都是对立的，他们以自然为认知对象，认为只有认识自然，才能把握自然；只有探索自然，才能征服自然。这也是英语民族为何将自己情感的表达与代表实体的宇宙事物和世界的本原紧紧联系在一起。

四、关联理论下的隐喻翻译

20 世纪 80 年代 Sperber 和 Wilson 提出了关联理论。关联理论认为言语交际中话语理解的性质和过程就是一个明示—推理过程，明示与说话人有关，推理与听话人有关。即说话人通过明示行为向听话人表达自己的交际意图；听话人根据对方所提供的信息和交际意图产生一系列的语境假设，而交际的目的是以最佳关联作为取向的。关联理论把关联性定义为“与既定语境相关的，并在该语境下产生某种语境效果的假设”。在言语交际过程中关联性的强弱取决于语境效果和推理努力。语境效果好，推理所付出的努力就小一些，关联性就强，反之就越弱。

（一）隐喻的翻译

Sperber 和 Wilson 认为交际中的语境是动态的，是一个变项；而关联性是一个常项，一种必然。在关联理论中，语境是听者认知语境的一系列假设或信息。关联依赖于语境，言语交际过程中，听者根据关联原则进行思辨和推理，从新旧信息中推导出言者的交际意图。而隐喻作为一种语用现象，它的识别也离不开语境提供的线索。一个词或一个句子都必须放在语境中来考虑而不能孤立地理解，只有在具体的语境中才能判断该词或句子是否用作隐喻。同样一句话，随着语境的不同，可以是非隐喻性话语，也可以是隐喻性话语，或理解成这样一种隐喻义，也可以被认为是那样一种隐喻义。因此，根据关联理论的翻译观及对隐喻含义和本质的分析，隐喻翻译过程中需用不同的翻译策略来处理英汉两种文化中的隐喻现象。

（二）翻译策略

1. 直译

由于英汉两种文化语言的隐喻具有共性和同质性，其隐喻具有许多惊人的相似之处。“对等”是隐喻翻译的核心概念。译者的最大目标就是尽可能在语言形式上与源语相匹配以求得对等。当两种隐喻的认知方式相同、语言形式相似时，采用直译方法将源语的喻体形象移植过来传递给译文读者，可以保持对等的形象与含义，例如：“All roads lead to Rome.（条条大路通罗马）”“Blood is thicker than water.（血浓于水）”。

2. 意译

差异和思维结构的不同，必然存在隐喻的多义性和可变性。两种语言中词语范畴的隐喻性以及结构的非对应性，翻译策略则应采用意译的方法。由于不同语言文化隐喻的异质性，有的隐喻形象是不可译的，其直译只会令读者莫名其妙。因此，只有舍弃原文形象以忠实原文意义。比如：That theory doesn’t hold water. 本句按字面意思难以理解。此句中“hold water”为动词性隐喻，其引申意为“be capable of standing up to examination or testing”（经得起验证）。所以，此句应翻译为“那个理论站不住脚”较为合适。相似的例子还如“Don’t let the cat out of the bag.（不要泄露秘密。）”

3. 直译、意译相结合

直译和意译各自都有优点和缺点。在英汉隐喻互译中，有时可采用直译、意译相结合的方法以弥补直译难达意，意译难传神的不足，做到“神形兼备”。根据关联理论的翻译观，翻译不仅考虑到源语言和目的语的转换形式，而且兼顾目的语读者对译文的反应，还应当把这种反应和原语读者的反应加以对比。为了让译文更加易于接受、通顺，译者就应根据最佳关联原则，让读者能以最小的努力获得最大的语境效果，将源语文化中的“陌生性”降低到最低程度。

例 3：我们有些同志喜欢写长文章，但是没有内容，真是“懒婆娘的裹脚，又臭又长”。

（译文：Some of our comrades love to write long articles with no substance，very much like the foot bindings of a slattern long as well as smelly.）

在汉语言民族里人们很容易理解“裹脚”这个在封建时期的旧习俗，也能很快在本体和喻体之间做出推理。但是对于不了解汉文化的西方读者来说，由于没有相似的语境和文化认知，他们根本不可能在本体“没有内容的长文章”和喻体“裹脚”之间找到相似性“又臭又长”。而在翻译中增加“like”这个喻词，可以明示目的语读者，帮助读者不用花很大努力去在喻体和本体间建立最大和最佳关联，加之有“long as well as smelly”的明示信息，因此通过直译和意译的结合，使得目的语读者能很快地获得像汉语读者那样的形象生动的感受。

隐喻作为人类基本的认知活动在生活中普遍存在，它不仅是语言现象、认知现象，还是一种文化现象。通过以上探讨我们可以看到英汉语言中的隐喻有许多的共质性，同时也具有社会文化、思维及审美方式等方面的差异性。翻译作为跨文化的交际活动，是信息交流的桥梁。因此，在中英隐喻的互译的过程中，作为译者应在关联理论翻译观的指导下，在翻译活动中对隐喻做出明示—推理的合理解释，创造性的应用各种策略来处理原文中的隐喻，从而使得英汉民族能通过较少的努力获得最佳的语境效果，加深两者文化的理解和交融。

第五节　认知角度与隐喻的跨文化翻译研究

作为一种认知思维方式，隐喻折射出深厚的民族精神和文化内涵。从认知角度探讨隐喻的跨文化翻译，并以大卫·霍克斯（David Hawkes）和杨宪益、戴乃迭夫妇英译本《红楼梦》中的隐喻翻译为例，对具体译例进行对比分析，探讨隐喻的翻译策略。

隐喻的研究源远流长，从范围和方法来看，经历了三个时期：一是从大约公元前 300 年到 20 世纪 30 年代，人们对隐喻的研究主要是从修辞学角度；二是从 20 世纪 30 年代到 70 年代初，隐喻研究主要从语义学角度；三是从 20 世纪 70 年代至今，隐喻的研究呈现多元化趋势，包括从认知心理学、翻译学、外语教学乃至人工智能的角度对隐喻进行多角度、多层次研究。然而，从认知语言学的角度研究隐喻仍然是最具活力的一种视角。尤其是1980年，认知语言学的奠基人莱可夫（George Lakoff）和哲学家约翰逊（Mark Johnson）合著的《我们赖以生存的隐喻》（Metaphors We Live By）一书的问世，系统地阐明了隐喻的本质和工作机制，指出隐喻在本质上是一种认知现象，是两个不同语义领域的互动，使隐喻的研究发生了根本变革。

在隐喻的跨文化翻译过程中，既要考虑隐喻在源语中的文化内涵和传达的信息，又要考虑在目的语中如何忠实地重现，使目的语读者能够准确地理解和捕捉。如何实现隐喻的等值翻译，是隐喻翻译的热点和难点。本节以中国四大古典名著之一《红楼梦》中的隐喻为例，因为其反映了强烈的民族文化色彩，显示了中国文化的博大精深，以英国著名汉学家大卫·霍克斯（David Hawkes）和中国著名翻译家杨宪益、戴乃迭夫妇英译本《红楼梦》中的隐喻翻译为例（以下简称霍译和杨译），依据纽马克（New mark）提出的隐喻翻译策略，对具体译例进行对比分析，探讨隐喻的翻译策略。

一、隐喻的认知观

隐喻的结构可以分为始源域（source domain）和目标域（target domain），一般来说，前者较具体，为人们所熟悉，后者较抽象，比较难以直接理解。隐喻通过意象图式（image schemas）的构建，形成从始源域到目标域的映射（mapping），其目的是帮助读者借助始源域来理解目标域。以基本的概念隐喻“Time is money”为例，这里的“time”称为目标域（target domain），“money”称为始源域（source domain），始源域（money）相对来说更为读者所熟悉，money可以花费，也可以浪费，money有价值，始源域（money）图示中的特征被映射到目标域（time）图示中。换言之，隐喻能使人们用较熟悉的、具体的概念去理解、思维和感知陌生的、抽象的、难以直接理解的概念，其方式就是把始源域的结构映射到目标域上，这样的映射是在两个不同的认知域之间实现的，其基础就是经验。

二、隐喻翻译的认知策略

（一）隐喻的对等映射

虽然不同国家的人们在地理环境、历史文化、社会生活上各不相同，但是地球是人类共同生活的家园，包括生态环境和气候变化等外部条件是相似的、基本需求是相似的，各个民族在探索和改造客观世界的过程中，能够获得相似的体验、认知和理解[1]。人类的生理基础，包括感官和身体构造都是相似的，在视觉、听觉、嗅觉、味觉、触觉等各种感官体验上，能够引起共鸣，产生相似的心理认知。著名语言学家沈家煊认为：“人同此心，心同此理，人的认知心理不仅古今相通，而且中外相通。”[2] 认知语言学认为，语言是以认知

[1] 翁凤翔．商务英语学科理论体系架构思考 [J]. 中国外语，2009，6（04）:12-17.

[2] 陈文伯．英语成语与汉语成语 [M]. 北京：外语教学与研究出版社，1982.

为前提的，是人通过认知与客观世界相互作用的结果。基于对客观世界相同的认知体现在不同民族语言中的共性，不在语言形式上，而在于人的认知心理。所以，跨文化的隐喻之所以能够进行翻译，也是建立在人类相同的认知心理基础上的。下面以《红楼梦》中的隐喻翻译为例：

例 1：树倒猢狲散。

杨译：Tree falls and the monkeys scatter.

霍译：When the tree falls，the monkeys scatter.

例 2：瘦死的骆驼比马大。

杨译：A starved camel is bigger than a horse.

霍译：A starved camel is bigger than a fat horse.

例 1 和例 2 中，"树倒猢狲散"和"瘦死的骆驼比马大"，体现了人陷入困境和窘境时的一种生存体验和生活状态，是基于人们相似的生活体验和认知，达到了一种认知心理认同。另外，"猢狲"（猴子）"骆驼""马"在中西文化中的意象并没有太大的差异，达到了源语和目的语的一种文化重叠，在这种情况下，可以尝试用直译的方法进行翻译。直译法一方面可以在最大程度上，保证源语的文化特色在隐喻翻译过程中尽量少流失，保留它的原汁原味，另一方面还可以丰富目的语的语言和文化。

（二）隐喻在目的语中的归化映射

不同民族由于地理环境、历史文化、社会生活、宗教信仰、风俗习惯、价值观念、思维方式等方面的差异，语言表达内涵各不相同，隐喻也是如此。这类隐喻应该如何翻译，笔者认为，译者可以首先考虑归化映射，也就是使用符合目的语社会文化特点的始源域的具体概念来映射原语隐喻中的抽象概念，再现原语的隐喻意义和隐喻表达形式。归化映射易于为目的语读者所接受，获得与原语读者相似的心理认知体验，实现原语和目的语之间最大限度的等效翻译。现将隐喻中霍译和杨译加以区别：

例 3：谋事在人，成事在天。

杨译：Man proposes，Heaven disposes.

霍译：Man proposes，God disposes.

从文化和宗教角度看，"Heaven"比"God"更具有中国特色，中国人经常说："我的天啊！"中国古语有云："天将降大任于斯人也""天行健，君子以自强不息"等。而"God"是西方基督教的上帝，西方人惊讶时会大喊："Oh，my god！"祈求上帝保佑时会说："God bless me！"谚语有云："God help those who help themselves."因此，霍克斯把"天"译为"God"，则更易于为西方读者所理解和接受，更符合西方读者的宗教文化、价值观念和思维方式。

例 4：巧媳妇难为无米之炊。

杨译：Even the cleverest housewife can't cook a meal without rice.

霍译：Even the cleverest housewife can’t make bread without flour.

从生活习惯角度看，“meal”（饭）和“rice”（米）是中国人日常的饮食习惯，中国人司空见惯、习以为常。但是中西方饮食习惯差异很大，西方人很少吃“meal”（饭）和“rice”（米），他们的主食更多的是“bread”（面包）和“flour”（面粉）。如果直译的话，西方读者有时会感到困惑和不理解，翻译成“bread”（面包）和“flour”（面粉）则更易于为西方读者所接受和认可。

从以上三个例子可以看出，杨宪益和戴乃迭的翻译最大程度上保留了中国文化的特色，目的是想把博大精深的中国文化原汁原味地介绍给英美读者，所以遵循的翻译原则是以原语文化为归宿，采用了“异化”的翻译方法。霍克斯的翻译，充分考虑了中西文化的差异，考虑到了西方读者的认知心理和理解能力，所以遵循的翻译原则是以目的语文化为归宿，采用了“归化”的翻译方法。“归化与异化”不能与文体效果直接联系，异化的译文不一定比归化的译本具有更强的表现力，反之亦然。笔者认为，如果原语文化和目的语文化差异很大，隐喻的异化翻译有可能会对目的语读者造成困惑、歧义甚至误解的情况，采用在目的语中的归化映射可能更胜一筹。因为采用这种方法，原文隐喻的内涵和表达形式可以在译文中得以再现，译文也比较符合目的语国家的文化特点和表达习惯，译文读者可以获得与原文读者同样的心理认知。

（三）隐喻映射的移植

由于两种不同文化认知的错位或缺失，一种文化系统下的隐喻，在另一种文化系统中找不到与之相对应的类似隐喻，汉语中很多隐喻性的成语、俗语、谚语、典故、神话故事等都有其独特的历史背景和文化内涵，因而对目的语而言就是一种文化认知上的缺省。对于这一类隐喻的翻译，应根据不同的情况，采取不同的翻译策略。

1. 直译加注法

直译法可以在最大程度上保留原语隐喻喻体的形象，但是由于中西方的文化差异，汉语中特有的隐喻性的成语、俗语、谚语、典故、神话故事等，在目的语中无法找到类似的隐喻，用来重现其深刻的文化内涵和艺术价值，也难以为目的语文化的读者所接受。这时，直译加注法不失为一个两全其美的办法，这样既保留了原语隐喻喻体的形象，注释又可以让目的语读者理解其内涵。

例 5：心较比干多一窍，病如西子胜三分。

杨译：She looked more sensitive than Pikan，more delicate than Hsi Shih.

（1）A prince noted for his great intelligence at the end of the Shang Dynasty.

（2）A famous beauty of the ancient kingdom of Yueh.

“比干”和“西子”都是中国古代特有的人物，“比干”是商朝杰出的丞相，“西子”，指“西施”，中国古代四大美女之一。直译加注法不仅保留了原语隐喻喻体“比干”和“西子”的形象，给西方读者一个直观的印象，注释又让西方读者理解其内涵，一举两得。

2. 隐喻转明喻

例 6：滴不尽相思血泪抛红豆……

杨译：Like drops of blood fall endless tears of longing.

霍 译：Still weeping tears of blood about our separation//Little red love-beans of my desolation.

杨译文通过明喻转换原文的隐喻，忠实地再现了“泪水”意象。霍译文将原文的隐喻转换为明喻，直译“血泪”，相当于隐喻移植，再现了隐喻意象“泪水”。

3. 隐喻转化成喻底

例 7：儿命已入黄泉，

天伦啊，须要退步抽身早！

霍译：

I that now am buta shade，

Parents dear，

For your happiness I fear：

Do not tempt the hand of fate！

Draw back，draw back，before it is too late！

“黄泉”是汉语特有的意象，很难为目的语读者理解其内涵和寓意。霍译文把“黄泉”的意象转换成了“a shade”（影子），揭示了隐喻的喻底（ground），达到了深层含义的一致。

4. 省略

例 8：娥眉颦笑兮，将言而未语；

莲步乍移兮，将止而欲行。

霍译：

A half-incipient look of pique，

Says she would speak，yet would not speak；

While her feet，with the same irresolution，

Would halt，yet would not interrupt their motion

“娥眉”原指娥细长、弯曲的触角，借指中国古代美女细长而弯的美丽的双眉；“莲步”是指中国古典美女纤纤细足走路的小巧，借指走路时娇羞、婀娜的姿态。这些审美标准很难被西方的读者理解和接受。霍克斯在翻译时考虑到这种文化和审美的差异，省略了“娥眉”和“莲步”的意象，而把女子美丽、婀娜、含羞的美妙姿态用语言转述了出来。

（四）隐喻映射的变异

由于中西方处于不同的文化体系，即使原语和目的语的喻体是同一个意象，但表达出来喻体的含义却千差万别，文化认知的差异性导致喻体所折射的隐喻意义不一致性。

例 9：（北静王）见他语言清楚，谈吐有致，一面又向贾政笑道：“……非小王在世翁

面前唐突，将来‘雏凤清于老凤声’，未可量也”。

霍译：The prince observed to Jia Zheng…. “I trust I shall not offend you by saying so to your face,” he said, “but I venture to prophesy that this fledgling of yours will one day “sing sweeter than the parent bird”.

凤是中国古代神话传说中的百鸟之王，在远古图腾时代被视为神鸟而予以崇拜，比喻有圣德之人，象征美好、和平与吉瑞。“雏凤”，幼小的凤，喻英俊少年。原文的意思是北静王夸奖宝玉“青出于蓝而胜于蓝”，前途不可限量的意思。凤凰（phenix）在西方神话里又叫火鸟、不死鸟。神话传说中，凤凰每次死后，会周身燃起大火，然后其在烈火中获得重生，并获得较之以前更强大的生命力，称之为“凤凰涅槃”。如此周而复始，凤凰获得了永生，故有“不死鸟”的称号，因此它蕴含着宗教中的“再生”之意。

因为中西方隐喻喻体意象的不同的含义，所以霍克斯采用了意译的方法，将“凤”翻译成笼统意义上的“bird”。意译是指考虑不同语言民族在文化诸多方面的差异，有时需要舍弃喻体的意象，保留原文的主旨，根据原文的大意来翻译，而不作逐字逐句的翻译。意译的使用更能够体现目的语文化的语言特征，以利于目的语读者理解。

隐喻是一种思维认知方式，不同社会文化的人对于隐喻的内涵理解往往有所不同，这就要求译者根据不同的情境采取不同的翻译策略和翻译方法。

译者一方面要了解隐喻在原语中的背景知识，深刻理解其认知特点和内涵意义；另一方面要对目的语的文化有着全面、深刻的了解，在保留原语隐喻文化特色的同时，在翻译时考虑到目的语读者的理解和接受能力，采用灵活的翻译策略，尽可能地缩小不同语言、不同文化之间的差异，实现原语和目的语之间最大程度上的等效翻译，达到思想交流和文化传播的目的。

第六节　英语习语的跨文化翻译研究

英语习语是英语词汇的重要组成部分，有着鲜明的地域色彩、民族风格，反映了英语民族的风俗习惯、喜好禁忌，有着鲜明的民族色彩。要将英语习语原汁原味地翻译出来绝非易事，不仅要求译者有较强的语言技巧，还应有深厚的文化底蕴，对英、汉文化都有着深刻理解。

习语承载着深厚的文化意蕴，犹如一面镜子，能生动反映民族的文化特征与社会心理，习语翻译是翻译领域的亮丽风景，也是文学翻译的重点与难点。本节试图从英语习语翻译出发，探讨跨文化翻译中的文化差异问题，以求为文学翻译的发展贡献绵薄之力。

一、习语的内涵与特点

习语是在长期语言使用中形成的生动形象、精练简洁、通俗易懂的语言表达方式，是劳动人民生活或生产实践经验的总结，包括成语、谚语、俗语、俚语、典故等。习语是不可拆分的，具有约定俗成的意义，有着音节优美、韵律协调、形象生动、言简意赅、寓意深刻的语言特点。习语是民族语言的核心与精华，有着鲜明的地域色彩、民族风格，是特定历史时期的人文习俗、思想情感、宗教文化、经济生活、价值信仰、自然法则的集中表达。英语习语是英语词汇的重要组成部分，能够带给人生动形象、含蓄幽默、妙趣横生的审美体验，被广泛应用于日常交往、电视广播、报纸杂志等方面。

二、英语习语所反映的文化差异

（一）文化传统上的差异

英语习语反映了英语民族的风俗习惯、喜好禁忌，有着鲜明的民族色彩。首先，英汉习语的比喻形象就不尽相同，反映了两个民族的认识差异和喜好。如英语习语“as wise as owl”，指人像猫头鹰一样聪明，这与英语文化中的猫头鹰形象有着密切联系，在英语文化中猫头鹰是智慧、聪明的象征，英语卡通中猫头鹰常以德高望重、举止文雅的老学究形象出现，西方童话中猫头鹰常是公正、智慧的裁判。如英、汉民族对狗的认识也不相同，汉语中有许多与狗相关的贬义词，诸如“狗眼看人低”“狐朋狗友”“狼心狗肺”“狗仗人势”等；但英语文化中常用狗比喻值得信赖和同情的人，诸如“as faithful as dog”“Love me, love my dog”“Every dog has its dag”等。汉语文化中“龙”是吉祥的神灵，是皇权、威严、地位的象征，英语文化中“龙”是会喷烟吐火的怪兽，是邪恶、残暴、凶狠的象征。其次，英语习语形成于特定的历史传统中。工业革命源于英国，在工业革命初期英国发生了“羊吃人”的圈地运动，英语习语中就有“Dyed in the wool”“much cry and little wool”等。神话传说是原始先民们对客观世界混沌的、模糊的、近乎虚幻的认知，是民族文化的根源。古希腊神话是西方文化的根源，英语习语就与古希腊神话有着深厚的渊源，如“Pandora’s box”比喻罪恶之源；“Sphinx’s riddle”比喻难解之谜；“Promethean fire”指创造生命机能活动的生命力。

（二）生活方式上的差异

民族的饮食习惯与生存环境有着密切联系，在英国或美国黄油、奶酪、面包、果酱为常用食品，因而，形成许多与食品相关的习语，如“want jam on it”“big cheese”“to take the bread out of some one’s mouth”等；用“live on wind pudding”比喻生活毫无保障；“for all the tea in China”指“将中国的茶叶都给我，也不做某事”。

（三）自然环境上的差异

英国是一个四面环海的岛国，有着独特的生活方式，这也反映于英语习语之中，如“Go by the board”比喻计划落空，“See how the wind blows”比喻观察形势和情况。英国是典型的海洋性气候，伦敦更是著名的“雾都”，因而关于多雨多雾的英语习语非常多，如“as tight as rain”；英国是海洋国家，就产生了许多与航海相关的谚语。再如中国以农业立国，长期发展中形成许多农谚，如“竹篮打水一场空”“骨瘦如柴，人勤地不懒，滚石不生苔”“槁木死灰”“众人拾柴火焰高”等。

三、跨文化翻译是英语习语翻译的策略

（一）英语习语翻译策略的选择

人类有着相似的生活方式、思想认识、精神生活，因而，在语言表达上也有许多相似之处，如英语中的“to burn one’s boat”就同汉语中的成语“破釜沉舟”如出一辙；汉语中有“隔墙有耳”，英语中则有“wall have ears”。同时，汉语和英语属于不同的言语体系，不同的自然环境、生活方式、历史传统等决定了英、汉民族有着不同的价值观、思维方式、审美情趣和风俗习惯，英、汉习语都有着不同的表达方式，承载着不同的文化信息。如英语中的“Since A dam was a boy”就和基督教文化密切相关；“Pandora’s box”就源于古希腊神话，没有英语文化背景的中国读者很难理解这些英语习语。

翻译时需要深刻理解习语蕴含的文化意蕴，采用恰当的翻译策略。关于翻译标准，严复先生提出“信”“达”“雅”，傅雷先生提出“重神似而不重形似”；翻译家奈达提出“动态对等”[1]。虽然这些翻译理论的侧重点各不相同，但都重视再现原作风貌。英语习语有着浓重的民族文化色彩，在英语习语翻译时应使用多种翻译手法，充分考虑中西文化差异，做到“下笔抒词，自善其备”，力求凸显英语习语的语言风格和文化内涵。但在具体翻译中不是每个习语都包含字面意义、形象意义、隐含意义，原文的三种意义也不可能全部再现于原文之中，当字面或形象意义与隐含意义发生矛盾时，应当服从于隐含意义。

（二）英语习语翻译策略的运用

1. 运用直译法

直译即进行字面翻译，是在不违背译文所属国家语言规范的条件下，不做过多的引申与注释，以求最大限度保持原文的语言风貌和文化习惯，使读者能深刻体会异域文化风味。一般情况下，带有异域文化色彩的习语往往都是形象化的语言，通过直译法能保留原文的形象化语言，使中国读者了解更多的英美文化。如“Domino effect”能够翻译为多米诺效应；Practice makes perfect 能直译为“熟能生巧”。

当英语习语的隐含意义很容易推断时，可以运用直译法进行翻译，如“all roads lead

[1] 平君 . 基于应用语言学的大学英语教学模式改革研究 [J]. 吉林省教育学院学报，2018，34（08）:75-77.

to Rome”就可以直译为“条条大路通罗马”。有些英汉习语的语言结构与表达方式极为相似，并且喻义相同、形象吻合，这时应采用直译法，如“Strike while the iron is hot”能译为“趁热打铁”。通过直译法翻译的词语会不断融入汉语之中，成为汉语的新鲜血液，如“golden age”“break the record”“armed to the teeth”“cold war”就可以翻译为“黄金时代”“打破纪录”“武装到牙齿”“冷战”，这些词语已成为汉语的重要组成部分。

2. 运用意译法

英语习语会受中西文化差异的影响，在跨文化翻译中无法从字面或形象意义理解习语的思想内容，这时就要采用意译法进行习语翻译，将原文形象更换为译文读者熟悉的形象。如“a cat on hot bricks”就能译为“热锅上的蚂蚁”。

有时要配合上下文语境，保持原文的完整性，也需要采用意译法。如“Birds of a feather flock together”，就可以译为“物以类聚，人以群分”；“Among the blind the one-eyed man is king”采用意译法能翻译为“山中无老虎，猴子称大王”。

3. 运用套译法

套译法是借用或套用汉语俗语来传译英语习语的翻译方法。英语中的许多表达方式的形象、意思与汉语非常接近，完全可以用“拿来主义”的方式进行传译，将所选用词语的字面意思做好对应即可。如“castle in the air”就可套译为“空中楼阁”；“Habit is second nature”能译为“习惯成自然”；“Money makes the mare go”可译为“有钱能使鬼推磨”；另外，有许多英语习语在汉语中没有“形同义同”的表现方式，但可以找到“形异义同”的表达方式，并套用相近的汉语习语。如“a fly in the ointment”能译为“美中不足”；“no respecter of persons”可译为“一视同仁”；“Great minds think alike”能译为“英雄所见略同”。

在文化语境中，影响英语习语的文化因素有很多，如自然环境、社会习俗、历史传统等。因而，译者应准确理解习语的文化内涵，采用恰当的翻译策略巧妙处理可能产生的文化缺省，实现文化交流的目的。

第七节 跨文化交际翻译中的“错位”现象研究

近年来，随着中国影响力的不断增强，越来越多的西方学者和游客对中国灿烂的文化表现出了相当浓厚的兴趣。汉语和英语分别是世界上使用人数最多和使用范围最广的两种语言，然而通过汉英两种语言互译实现的跨文化交际常常会面临“错位”的情形，通过比较分析经典译文，探索归纳出了一些解决跨文化交际翻译中“错位”现象的方法。

语言是文化的载体，是文化一个密不可分的组成部分，它既反映文化，也受文化的影响。由于英汉两种语言间存在诸多差异，因而通过汉英两种语言互译实现的跨文化交际常常会面对“错位”的情形，翻译两种语言间信息的交流和转换，自然不可避免地要在语言转换的同时进行文化转换。不同民族会有不同的历史性感受（diachronic experience）和共时性感受（synchronic experience）。因此，不同文化背景下的人们使用不同的语言形式表示对事物的看法。

从历史的角度看，今人和古人对事物的看法也存在不一致性。因此，在跨文化交际翻译过程中，了解这些错位，并懂得使用不同的策略修正这些错位，成为提高翻译质量的重要手段。大体上说，跨文化交际翻译中的错位主要表现在时空错位、身份错位和文化错位三个方面。

一、时空错位

跨文化交际翻译中的时空错位主要指的是对古汉语和古英语的英译与汉译。古汉语翻译中最典型的是对典籍的英译。中国典籍的翻译是一件较为复杂的事情，其主要困难表现在以下几个方面。

（一）古汉语和现代英语的互译错位

由于中国典籍大多为文言文，因此，其翻译的过程便较为复杂，需要先将文言文转换为现代汉语，最后再译为英语。而在这种转换过程中，一些重要的语言信息必然会发生流失。如，“淡泊明志，宁静致远”出自三国中蜀国诸葛亮的《戒子书》，分开翻译“淡泊明志”：Live a simple life,showing one’s goal in life.“宁静致远”：Fair and softly go far in a day. 合起来翻译：Still waters run deep---to lead a quiet life. 还有译为：Simple for explicating one’s ambition,quiet to go far.

（二）古籍中文化信息与现代英语互译时的错位

中国典籍中含有大量体现不同时期文化特点的语言信息，但是在英译过程中，需要考虑不同民族与国家对文化认知审美情趣的差异性。

（三）对比译文分析时空

中国典籍中有很多先哲的精辟观点，如何使用英语诠释这些语言，体现出先哲思想的闪光点，成为译者面临的一大难题。英语在不断演进的过程中，词汇形式不断变化，由古英语时期向着现代英语表达迈进。在翻译过程中，译者也需要把握古英语的表达形式，从而提高译文质量。当跨文化交际译者无法把握英汉语言的这些特点或者不具备英汉古语翻译的能力时，翻译中就很可能出现时空错位的现象。同时，跨文化交际翻译中的时空错位还表现在对英汉文化内涵词的“错用”上。例如：

Some of these phrases,perhaps,came down off Noah’s Ark.

也许，这些成语中有的竟是从盘古开天地以来就已有的了。（时空错位翻译）

有些成语也许竟来自“诺亚方舟”的远古时代。（正确翻译）

对比上文中提到的时空错位翻译，译者将 Noah’s Ark 汉译为“盘古开天地”的时期，容易造成一种不伦不类的表达感觉。英汉语言编码常受到时空的限制，因此，不同时代、地域、民族文化等因素都会对语言产生一定的影响。在跨文化交际翻译过程中需要对中西方语言中的时空信息进行筛选与合理翻译，才能提高译文的质量。

二、跨文化交际翻译中的身份错位

（一）人物身份错位

在英译汉或者汉译英过程中，切不可改变文本中人物的行为模式，避免人物“身份错位”。例如，在翻译中国古典文学作品时，译者最好不要将中国古人的行为西化为西方人的举止。身份错位现象会影响不同文化间的沟通与融合，对跨文化交际的进行也十分不利。

（二）视角身份错位

视角身份错位指的是对待文本中不同的生活方式，也不能以译者自身的文化背景进行翻译。对于具有文化内涵的文本，译者可以采用不同的视角，通过变换处理来传译对方文化。例如，在翻译“馒头”时，很多人都将其译为 steamed bread 或者 steamed bun，这种翻译虽然能够使译者理解，但是却造成了一种视角错位，影响了中国特有文化的传播。

（三）称呼错位

在跨文化交际翻译交际中，称呼的翻译十分常见。译者需要结合时代背景，对这些称呼进行合理翻译。例如，随着女权意识的增加，英语中很多带有男权色彩的表达就要进行相应处理，如将“主席”翻译为 chairperson，代替男权意识强烈的 chairman。

三、文化错位

文化错位也是跨文化交际翻译中经常遇到的问题，主要表现为以下几个方面。

（一）文化误译

Bill can be relied on；he eats no fish and plays the games。

云平台和各类无线网络通信技术逐步向工业领域渗透，呈现从信息采集到生产控制，从局部方案到全网方案的发展趋势，未来工业装备的互联互通可将生产单元进行灵活重构，智能装备可在不同的生产单元间迁移和转换，并在生产单元内实现即插即用。

比尔为人可靠，一向不吃鱼，常玩游戏（误译句子）

上面原句中的“to eat no fish”是英语中的典故，“to play the game”是英语中的习语，由于学生对此并不了解从而将其误译为“不吃鱼，经常玩游戏”。事实上，这两个短语都和英语文化有关。英国女王伊丽莎白一世统治期间，规定了英国国教的教义和仪式，部分支持此举的教徒不再遵循罗马天主教周五必定吃鱼的规定，因此，这些“不吃鱼”（eat no fish）的教徒就被认为是“忠诚的人”。而玩游戏的时候总是需要遵守一定的规则，因此“play the game”也就具有了“必须守规矩”的含义。因而原句应译为：

比尔为人可靠，既忠诚又守规矩。（正确翻译）

再如“You chicken!”He cried,looking at Tom with contempt.

他不屑地看着汤姆，喊道：“你是个小鸡！”（误译句子）

英语中“chicken”一词可以用来喻指“胆小怕事的人”“胆小鬼”。但对于中国学生而言，看到“chicken”一词只会想到小鸡，因为汉语中只有“胆小如鼠”一说，并无“胆小如鸡”的概念，这就造成了学生的误译。原句应该译为：

他不屑地看着汤姆，喊道：“你是个胆小鬼！”（正确翻译）

英语中还有很多类似的词语。例如，“tomove heaven and earth”的含义是“千方百计，不遗余力”，而不是“翻天覆地，惊天动地”；“to talk horse”的含义是“吹牛”，而不是“谈论马”；“to gild the lily”的含义是“画蛇添足”而不是“装饰百合”。

由此可见，在跨文化交际翻译中，译者应该根据具体语境，并结合文化背景，准确理解原文的含义，然后选择合适的翻译技巧灵活翻译，切忌望文生义。

（二）翻译空缺

无论跨语言交际，还是同一语言内的交际，都不可能达到绝对准确。由于英语和汉语分属于不同的语系，因而这种现象在英汉语言交际中表现得尤为明显。在跨文化交际翻译中，语义不对应或找不到对应表达的现象很常见，尤其是那些极具地方特色的事物更是如此，这就造成了翻译中的空缺，从而为翻译的顺利进行造成了障碍。

1. 词汇空缺

词汇空缺是指不同语言间由于概念表达的不对应而出现的对应词汇的缺失，这和译者所处的地理位置、自然环境，生活方式、社会生活等密切相关。例如，英语中表达“雪”这个概念的词语只有“snow”一个，而在爱斯基摩人的语言中却有十几种之多：冰块似的雪、半融化的雪、落在地上的雪、空中飘舞的雪等。

语言是不断变化发展的，随着历史的前进、科技的进步，新词汇层出不穷，如 1957 年 10 月，当第一颗人造地球卫星发射成功后，首次出现了“sputnik”一词，而该词随即也在世界各国的语言中出现了词汇空缺。

语言学家萨丕尔曾指出，语言不能脱离文化，也无法脱离世代所传承的社会信念和行为习惯。经历几千年封建文化的中国形成了一套严密、独特的封建宗法体系：长幼有序，男女有别，血缘关系的远近亲疏十分明显，家庭结构严密。而英美国家的家庭结构较为松散，宗法关系也并不严密。因而汉语中涉及亲属关系的词汇，英语中就会出现词汇空缺。在跨文化交际翻译中，译者必须对词汇空缺现象予以足够的重视，认真揣摩由词汇空缺带来的文化冲突，从而采用灵活的翻译方法化解矛盾，译出优秀的文章。

2. 语义空缺

表面上看，不同语言中表达同一概念的词语的字面含义相同，但实际上却存在不同的文化内涵。这就造成了语义空缺，如英汉语言中都有色彩词，且多数情况下对应的色彩词意义相同，但在某些场合，表达相同颜色的英汉色彩词却被赋予了不同含义。例如，英语中“a black sheep”的含义并非“黑羊”，而是“害群之马”，类似这样的例子还有很多。

不同语言中，表达同一概念的词语可能因为语言发出者、语言场合等的不同而产生不同的含义，即语义涵盖面的不重合，这是语义空缺的另一个表现。例如，英语中的“flower”和汉语中的“花”表达的基本语义虽然相同，但在具体使用中，二者差别极大。英语中“flower”除了作名词表示“花朵”以外，还可以作动词表示“开花”“用花装饰”“旺盛”等含义，而这种用法是汉语中的“花”所没有的。相应的，汉语中的“花”作动词时常表示“花钱”“花费”等含义，这也是英语中的“flower”所没有的。

对此，在跨文化交际翻译中，译者需要了解并掌握这些语义空缺的词语，了解这些词汇的深层含义。

（三）文化欠额

纽马克（1981）将文化欠额翻译（under-loaded cultural translation）定义为“在翻译中零传输或者部分传输了原语文化环境中的内涵信息的现象，即译文所传递的文化信息量小于原文的文化信息量”。语言往往包含一定的文化信息量，文化欠额翻译就是将原文中的文化信息进行不完整的传输，会严重影响译文质量。

例如：做中人的卫老婆子带她进来了，头上扎着白头绳，乌裙……年纪大约二十六七……（鲁迅《祝福》）

译文 1：Old Mrs.Wei the go-between broughther along.She had a white band round her hair and was wearing a black skirt,…Her age was about twentysix…

译文 2：AuntieWei,who isa go-between,brought her along.She had a whitemourning cord around her hair and was wearing a black apron.…Her age was about twenty-six…

在西方社会，妇女出嫁后可以不改名，但要改为夫姓。而在中国，由于宗法制度影响深远，妇女的姓氏作为其所属宗族的体现，即使出嫁仍不能更改。原文中“卫老婆子”的“卫”姓并非其夫家的姓氏，而是她自己宗族的姓氏，将其按照英语的习惯翻译为“Mrs. Wei”显然不符合汉语文化习俗。

在中国，丈夫去世后，妻子必须为其守孝，且应佩戴白头绳。贫苦人家由于经济条件的限制，因而常常用棉质丝线拧成廉价、简易的线绳戴在头上。原文中“她”所戴的正是这种“白头绳”。译文 1 中的“a white band”既没有体现中国的丧葬文化，也没有体现出“她”较低的社会地位。英语中的裙是“skirt”，因此，从字面意义上来理解，将“乌裙”翻译为“black skirt”并无不妥。然而，在中国封建社会，服饰具有非常明显的社会等级特征。原文中的“她”是去别人家当佣人的，社会地位较低，“black skirt”与“她”的身份是不相符的。她所穿的“裙”其实是套在自己的衣服外面防止衣服被弄脏的一种工作服饰，相当于英语中的“apron”。

可见，译文 1 没有准确地理解原文背后的文化含义，没有将原文中的文化信息量完整地体现出来。而译文 2 经过适当调整，如将“Old Mrs.Wei”改为“AuntieWei”，将“awhite band”改为“a whitemourning cord”，将“skirt”改为“apron”，既体现了原文的情节，又传达了原文的文化含义。

在跨文化交际翻译过程中，文化信息欠额与文化信息量往往呈反比例关系。具体来说，译文体现的文化信息量越大，文化信息欠额就越小。因此，为了将文化信息欠额最小化，我们不能将字面信息等值作为翻译的唯一目标，而应在传达原文字面意义的同时，将其背后的文化内涵也体现出来。例如：

银川是宁夏回族自治区的首府，位于宁夏回族自治区中心。从明清以来，它就是伊斯兰教在西北部的居住地和传播中心。

Honored as a smaller Mecca,Yinchuan,the capital of Ningxia Hui Autonomous Prefecture,is located in central Ningxia Province.Since the Ming and Qing Dynasties,Yinchuan has been a place for Moslems to liveand a centerof Islamic education in the Northwest.

译文没有对原文进行直译，而是将银川比作麦加（伊斯兰教最神圣的城市）。这种巧妙的手法准确地传达了银川在中国穆斯林心目中的位置，极大地减少了翻译过程中的文化信息欠额[1]。

总之，在跨文化交际中，汉英两种语言通过互译进行信息交流和转换时会面对种种“错位”现象，为此翻译工作者需要考虑两种语言之间或者说是使用这两种语言的个体或群体之间由于相比较而存在的时空错位、身份错位和文化错位三个层面的差异。对汉英两种语言间的时空信息进行筛选与处理，要根据具体语境并结合文化背景，准确理解原文的含义，然后选择合适的翻译技巧灵活翻译，译文要在传达原文字面意义的同时，将原文背后隐含的文化意义体现出来，将文化信息欠额最小化，使译文真正达到“信”“达”“雅”的翻译要求。

[1] 陈俊森，樊葳葳，钟华 . 跨文化交际语外语教育 [M] 武汉：华中科技大学出版社，2006.

第四章　跨文化英语翻译的问题及对策

第一节　跨文化语境下英美文学作品翻译的原则及对策

在英美文学作品的翻译中，译者常常会遇到作品中带有特殊文化特征的词语或比喻的句子，而在这种情况下，译者应该是通过直译来直接表达单词句子的实际含义，还是应该在双方文化产生交集的基础上，采用本国熟知的引用和俗语语句来加以翻译，就是译者在编译文学作品中常常需要考虑的问题。文章以读者剖析在跨文化语境下不同翻译作品和状况的相关策略为主，从多个角度开展针对英美文学作品内容的翻译策略研究。

文学作品翻译是双方国家进行文化交流的重要沟通渠道，同时建立在英美文化基础上的翻译内容，除了要具有最基本的翻译特征外，也要能够充分考虑到双方国家在文学风格和文化差异等方面的区别属性，如此才能够在跨文化语境的阻碍作用下，充分利用正确的翻译手段将不同国家想要传达的文化内容精准地带入到应传播的国家中。文学作品的翻译有别于其他简单译制内容，在翻译的过程中译者必须对双方的文化差异、宗教差异等内容有着充分的了解，才能从根本上保证文学作品翻译的文学价值特征。故本节将以跨文化语境为主要背景，对英美文学作品的翻译策略进行充分的分析研究。

一、跨文化语境下英美文学作品翻译质量可造成的影响

英美文学的翻译始终都是中国与西方文化产生切实关联的重要联系手段，由此我们可知，选择恰当的、符合文化传播特征、符合文学作品本来面貌的翻译，必然能够提升中国与其他西方国家文化交流和接壤的实际质量[1]。故以跨文化语境为基础，对英美文学翻译策略能够产生的翻译影响进行研究，具备切实的研究价值。而具体的影响方向我们可以通过两点进行简述：①不精准的翻译会影响英美文学作品中的价值观传达效果。西方国家和中国在国家发展进程和基本国情的形式和内容均有着天差地别的区分点，而一旦译者未能对英美国家的文化底蕴和价值观念作以充分的理解，不但译者会对文学作品中存在的价值观内容产生疑问，也会间接影响中国读者对西方宏观价值观文化的差异性理解。②不尊重原著的翻译会降低文学作品传播的价值和意义。当译者未能通过跨文化语境对文学作品进行

[1]　曾文雄 . 语用学翻译研究 [M]. 武汉：武汉大学出版社，2007.

编译时，就会将作品中引用过的一些典故加以错误化翻译。而一旦翻译错误的内容牵扯到国家历史或宗教历史等方面，就会直接导致读者也对英美国家产生负面印象，不利于跨文化语境的精化形成。

二、跨文化语境下英美文学作品翻译应遵从的原则

（一）跨文化翻译需要译者明确对方文化背景

英美文学作品翻译的实际意义就是要对英美文化进行具有代表性的文化传播，而同时被翻译的英美文学作品虽然被译者赋予了文化传播的特性，但考虑到其根本的存在意义，这些文学作品的本来面貌实际上就是“作品”，因此在编译的过程中，译者就必须要从研究作品根源的方面入手。例如，作者的成长环境、创作背景、故事背景、创作国家历史文化综述等内容。只有当译者能够对这些历史进行充分考证，才能够保证自身可站在创作者的角度考虑，真正在翻译过程中将英美文学作品本身就带有的艺术文化色彩有效呈现。

（二）跨文化翻译需要译者重视对文化内容的分离

各个国家的历史都有其不同的特征，而这些特征也会造就双方作家完全不同的创作思路、误向思路等内容，同时就在中英美文化中，同一件物品或代表性的思维，往往在双方的理解中都有着截然不同的象征性内涵。因此在翻译的过程中，译者就必须着重对双方文化中的差异性进行分析和探讨，一定不能够完完全全的跟随作者的思路行进，要在编译的过程中适当的移动或保留本土文化的特殊性特征，以方便我方阅读人员能够在更加清晰的角度中，明确英文文化作品所表达的意义和内涵。

（三）跨文化翻译需要译者谨慎抉择语言逻辑

在英美文学翻译的过程中，实际上是无法避免使用本土语言对英美文化俗语进行解释的。但从以往翻译完成的作品中我们不难看出，有许多选择了直接翻译英美俗语含义的文章，多数读者都不能充分了解俗语直译中所代表的含义。例如，英文中的“as timid as a rabbit”，其实际上是对应中国的“胆小如鼠”。而从“兔”到“鼠”，如果中国读者自身没能对中英文化的差异性有着一定了解，就会对文章内容产生一种不明所以的阅读体会。当译者在编译这种表达含义相似但比喻内容存在逻辑不通的语句时，就应该尽可能选择中国读者最为熟悉的比喻内容，充分将俗语和上下文连接，减轻俗语差异直译使文学作品阅读体会产生的不和谐感。

三、跨文化语境下英美文学作品翻译的阻碍内容分项

这里的地域实际上就是指地理环境和地理条件的差异。中国处在亚洲大陆中，与欧洲大陆和美洲大陆的气候和地理环境都相隔甚远。同时不只是地理环境，在周边所有的海洋环境中，中国也同其他国家有着截然不同的地理体会。因此，在英美文学作品的翻译中，

有关方向和风向的讨论，就常常存在是否进行变动翻译的争论。因地势和气候的因素，中国处在太平洋西岸，东风的传递温度较高，且传播时间点基本都在初春时期。因此，东风在中国代表着生命力、强劲和有辅助比喻意义的（参照《三国演义》中诸葛亮借东风），同时东风也常常在古代文学作品中象征着生命力，尤其是景色的生命力（参照李清照《相见时难别亦难》）。而在英国的地理特征中，因其处在欧洲大陆的西侧，因此，东风对英国人而言则意味着寒冷和愁绪。同时西风对于英国人的含义，则也因其常在春天中盛行而使其带有了“春意”。例如，在《西风颂》中，西风就被作为比喻春天将至，旧世界即将革新的伟大寓意。因此这些必然存在的地域性差异因素，就是译者常常因地域特征分歧而产生编译错误的要点。

四、跨文化语境下英美文学作品翻译策略

（一）掌握英美文学基本的翻译手法

一般在编译的前端过程中，译者都必须要根据应需翻译的英美文学作品内容的复杂性和主要文化特征来选取常规的翻译手段。而翻译手段一般分为三类，其一是直译。就是直接用英语思维将汉语语义完成直接性的对接，为读者呈现出最为原始和实际的编译版本。一般这种内容在翻译学术类的英美文学作品时比较适用。这是因为学术类的文学作品中蕴含隐形含义的内容较少，不会产生过多的词语和语句纠纷，因此，这类翻译内容也是跨文化语境中中英语境差异最小的作品种类。其二就是转化翻译。这种翻译手段一般都被用于翻译小说、散文等文学作品中，是为了减少这些故事性和意识流特征较高的直译风格为读者造成阅读障碍影响而被应用。转化翻译的“转化”，则多指由英美文学中的特殊词句寓意向着中国语言文化的方向转化，从而在留神不留形的翻译目标下，完成对编译版本上下文的有效连接。其三就是综合性翻译手法。这种手法属于谨慎程度较高的内容，也是当前译者为了保证翻译水平而使用的综合性保有手段。在使用该种方法时，译者必须要对英美文学作品的背景和基础的中西方文化差异有基础性的认知，而后便要将每一个存在文化差异的节点内容充分研究，在保证上下文连续结构性的同时，不改变英美文学原作的任何想要表达的文化内容。

（二）建构英美文学翻译思维

在跨文化语境的加持作用下，译者在翻译英美文学作品时，其作用就不仅仅是一种达到文化传递的桥梁，而是必须要在汉语思维的基础上，找到一条能够真正将西方艺术形式充分延伸的路径。首先，中国读者在接受西方文化的过程中，必然要面对一些文化差异上应需理解和记忆的要点。其次，译者实际上也是英美文学作品的“再造者”，因此，译者在翻译的过程中也必然有充分体现作品精神内容和文化内容的责任。故在跨文化语境的宏观作用下，译者在编译的过程中就必须要将自身的思维融合到西方思维中，而后再通过译者自身的文化底蕴，将中西方文化高度糅合。而在糅合差异文化的过程中，译者首先就要

明确特殊文化词语和比喻词句的根本含义，例如洗礼、圣灵等词汇。故在这整个过程中，译者除了要保证自身有着高端的翻译功底和文学功底以外，还要拥有特定的文字审美和创作能力，如此才能够在西方特殊文化的翻译过程中比所有的读者都要了解现译的英美文学作品，真正在糅合的过程中，利用汉字语言的魅力将英美文学作品的价值性意义再度辉煌重现。

（三）注意“同化”和“异化”的策略区分

1. 同化翻译策略

业内许多名家翻译都曾在文学作品中指出，以英美文学作品为基底的翻译内容应该是保留精神和文化色彩，但要视情况将外在色彩充分摒除的。因此我们可以总结，译者在翻译的过程中，首先要敢下笔，要能够迈出改造翻译的第一步。而后译者也要对原作品保持充分的尊重，要尊重文学作品中的书面内容，但也要尊重中国读者对于翻译作品的实际体会。故我们可知，在跨文化语境下开展的英美文学作品翻译必然是带有一种谨慎特色和美化特色。译者需要研究，需要比对，需要将每个句子所蕴含的历史文化、家国文化和功能文化等内涵尽数剖析。译者必须要比作者更加明确文学作品的实际内容和内涵，才能真正将中西方文化充分同化，有力糅合。而在这其中译者需要达到的境界就是，要在不改变文学作品精神面貌的前提下，让读者能够在完全没有文化体会障碍的观感过程中，完成对文学作品的整体体会。对此，译者可以抛开直译的生硬感，采用转变中国文化的方法，将读者带入到翻译作品中来。例如，当翻译“Love you once，I love you twice，I love you more than beans and rice”这句经典诗句时，如果使用直译将其翻译为“见你一次，见你第二次 ...”就会直接降低诗句的美感。而如若将其联合中国语言文化的魅力，就能另其呈现为“一见倾心，再见倾情”的美妙诗句。在前文中提到的“东风”翻译争议，我们也可以从中西方在对“东风”含义的理解关联点入手，将初春的暖风作为代替东风西风的翻译内容。例如使用“warm braw”即可完成对“温暖的风”的含义表达，有效减少地域层面上的争议。

2. 异化翻译策略

在使用同化翻译的思维逻辑时，译者也要注意翻译的内容，可以引用中国的俗语和文化习惯，但决不能为了让中国读者理解得更加顺畅和透彻，就改变英美文学作品本应传播的文化内涵。例如在英美文学作品的语境中，我们常常可以看到一些与神相关的感叹词汇，例如“Oh，My God”或“God bless you”。这些比较口语化和常用的语句在西方文化中的确是受宗教的文化影响较深。而在中国境内，信仰佛教的人数居多，我们也的确对“阿弥陀佛”的语言印象较深。但这时译者就绝对不能以中国读者的固定思维为主，从而对这种文化内容有着完全区分的语句进行同化处理。一旦中国读者在阅读英美文学作品时读到“阿弥陀佛”，就必然会存在着两种可能。一种是读者对“Oh，My God”有着实际和正确的翻译印象，明确认定译者编译出错，这样就会降低整个译本在读者心中的准确度定向。第二种则是读者并未对“Oh, My God”有着切实印象，于是就会在译者的错误编译下，产生西方文学作品所述背景中的人也信仰佛教的错误印象。但无论是哪一种，都必然是对翻译工作的直接价值否定。因此，当译者在面对这种西方文化表达形式的翻译内容时，就一定要注重对作品中应有文化的肯定，选择更加贴近文化内容的语言形式。就比如“Oh, My God”这种词语就必然应该翻译为“我的神啊”，虽然读者在第一次接触到这种直译形式时，会对整个语言环境产生一种不适应感，但当读者能够理解英美文学作品的创作背景时，就也能够通过自身对于英美文化的理解和译者的贴近翻译，自动地将阅读体会带入到英美文化中，从而真正在跨文化语境中完成对英美文学作品的观览和体会。

综上，在跨文化语境下对英美文化进行深刻和正确的翻译，不但是对中方读者的高度负责，也是对英美文化、英美文学作品的尊重体现，同时通过精化策略而呈现的英美文学作品翻译本，也能够成为中国一代青年人文学作品赏析审美的重要加持力量。

第二节 跨文化新视野下的电视新闻翻译的特点及对策

当今社会存在各种传播媒介，而电视广播就是其中的一种。随着科学技术的发展，电视广播卫星技术发生了翻天覆地的变化，电视成了传播信息的重要载体。在电视传播的过程中，新闻信息是重要的内容之一。随着世界迎来全球化的发展趋势，电视新闻的翻译工作成了媒体行业关注的重点，也成了促进文化交流的重要方式。

一、电视英语新闻的特点

电视英语新闻在语言构成和表述过程中有自己与众不同的地方，其新闻内容来源于生活，讲述的是生活中的故事。电视观众可以通过观看英语新闻，了解世界各地的事件和风土人情，观众足不出户就可以了解世界，获得有价值的消息。

（一）英语新闻的句式结构紧凑简单

英语新闻所涵盖的内容非常丰富，观众可以在短时间内获得大量的信息。在这种情况下，过去的句式结构很难满足当代受众的需求，一旦句式过长，就需要将其分为两行显示出来，这种做法大大影响了人们观看电视的心情，很容易造成人们理解上的偏差。也就是说，在翻译电视英语新闻的过程中，要注意将句式结构安排得更加紧凑，用最短的话表达最多的信息。

（二）电视英语常采用语句结构倒置的手段

电视英语新闻的话语应该简洁、明了，在播报的过程中，利用缩略词来表达相关的意思，提高观众观看字幕的速度。缩略词有两种方式，分别是首字母缩写的形式以及利用几个关键词组成一句话来表述相应的意思。新闻报道注重的是客观事实的报道，在播报的过程中，可以适当添加一些实时信息。因此，需要注意在新闻翻译中添加相应的词语。新闻英语表达具有很强的专业性，在翻译过程中，需要利用小篇幅的翻译稿表达大量的信息。通常情况下，新闻撰稿人要将重要的信息放到首段，让观众能够在有效的时间内掌握核心信息。

（三）电视英语新闻的语法常采用一般现在时

在电视英语新闻中，所采用的稿件和采访内容的语句都需要采用一般现在时。无论是过去发生的，还是即将发生的事件，运用这种时态能够增加新闻内容的亮点，给观众带来全新的感受。对于未来可能发生的事件采用的是不确定式，对待即将发生的事件采用的是一般现在时或者现在进行时。我们会发现，在英语新闻的标题上经常省略“be”这个单词，而采用不定式来表达。

（四）英语新闻具有广泛性特征

在英语新闻中，经常会使用大量的专业术语，如政治、经济、军事等方面的专业术语。在英语新闻中，很多专业术语没有太大的意义，翻译者可以将其简化。对待一些无法省略的专业术语，需要进行标注，以免观众无法准确地理解信息。在英语新闻中，撰稿人可以适当添加一些日语、阿拉伯语等其他的语言，为文章增添新鲜感，起到画龙点睛的作用。

二、文化差异对英语新闻翻译的影响

在英语新闻翻译中，由于文化差异会对翻译造成一定的影响，因此，在翻译过程中，要时刻关注文化差异，并克服文化差异的问题找到最佳的表述方式。在翻译过程中，需要注意以下几点：第一，中华传统文化与西方文化存在很多的差异，在新闻翻译的过程中，要准确地表述其意义。例如，“上火”这个词语对于中国人来说就是俗语，但在新闻翻译中，要选择恰当的词语翻译出它真实的意思。第二，宗教文化差异会影响翻译的效果。例如，少林寺救助灾民，在新闻翻译中，关于“和尚”这个词语如何翻译，针对其他宗教的人而言，“和尚”这个词语很陌生。第三，由于时间观念存在差异，会影响翻译的效果。例如，“the latest news”这个词语，需要翻译成最新消息。第四，日常俗语也会存在差异，会影响翻译的效果。例如，在英语翻译中，描述民族文化的词语比较含糊，很难像中文一样，将每个民族的文化清晰地展示出来。

三、电视英语新闻的翻译策略

（一）非文化层面：直译和意译

在英文翻译中，利用直译的方式，就是将原文准确、完整地表达出来，保留原文本身的含义，利用通顺的语言进行表达。直译有个很大的好处，就是能够避免语意出现分歧，利用大量的词汇，将原文的意义表述清楚，让观众能够了解文章真实的含义。直译虽然有很多的好处，但是也存在一定的弊端和局限性。在翻译过程中，只单纯地使用直译的方法，很容易误解文章的真实含义，由于语言文化存在差异，有时直译出来的话会非常别扭，不易被听众接收。对待一些否定的句子，要采用适当的方法和手段，将其真实的意思表达清楚。对待一些长句子，可以按照句式的特点和意思采用直译的方式。意译是另一种翻译方法，翻译者按照自己习惯的语句将其表达清楚即可。这种翻译方式不注重表面的文字翻译，注重的是文章的真实含义。虽然这种翻译方式更加便捷，但是一定要遵循某种特殊的原则，真实还原文章的意思，不可以胡编乱造。在电视英语新闻的翻译中，无论是直译还是意译，都要遵循翻译的内容能够清晰地表述文章含义的原则，同时方便观众理解。

（二）文化层面：归化和异化

在英语新闻的翻译中，有一个名词叫“归化”，归化的意思是在翻译过程中，尽量将文章表述清楚。归化的宗旨是为了让观众能够更好地理解，将观众带入特殊的语境中，用特定的文化规范方式，传递文章的意思。例如，“Every dog has its day”译为“人人皆有得意日”，这里所说的“dog”这个词语，英文和中文就有很大的差异，归化的目的就是将文章形象化，方便观众理解，同时保留原文独特的风格。在翻译中，还有一个名词叫“异化”，异化的意思是翻译者要向文章的原文化语境靠拢，在翻译后的文章中，体现出原语境的语言特色[1]。在异化翻译中，可以较多地保留原文化的语境成分，满足观众对于文化的新奇感。在异化翻译中，能够更好地向观众展示不同国家的文化差异，实现文化交流。

第三节 英语翻译中的跨语言文化问题及对策

由于生活习惯，思维方式，地域差异心理特点，风俗习惯等文化因素的影响，因而在英语翻译当中存在着一些问题。翻译中能让交流双方都能理解对方的意思，就要充分的了解词语和语句的含义，并且把语句放在一定的文化背景当中去理解，把握某一翻译领域的专业知识，从而促进交流。以商务英语为例，就英语翻译中的跨语言文化的文化因素及其进行了分析，并提出了相关的解决方法。

随着经济的全球化，商务英语得到了非常大的应用。商务英语翻译作为两国进行交流的一种活动，除了需要对语言本身所表达的意思进行说明外，还需要对英语中所表达的文化层次方面的意思进行说明。语言的诞生是建立在一定的文化基础之上的，因此，如果要了解语言，首先就要了解文化。而语言当中的文化差异涉及的领域非常的广，包括地理位置，气候状况，思维方式等。

[1] 翁凤翔 . 当代国际商务英语翻译 [M]. 上海：上海交通大学出版社，2007.

一、英语翻译当中要考虑到的文化因素

（一）认知习惯的差异

文化是在长期的生产生活当中逐渐形成的，因此文化具有较强的稳定性。由于东西方人民在这么多年的生产生活当中所遇到的情况，所需要考虑的因素存在着区别，因而他们在认知习惯上也存在着区别。除此之外，由于他们在宗教信仰，教育理念等方面也存在着较大的区别，因而表现在语言方面也存在着较大的区别。例如，中国人很喜欢“8”这个数字，因为他们认为“8”的谐音是“发”，这样的话他们就能发大财，所以我们经常可以看到在中国电话号码当中，物品数量的选择，商品的定价都较低的运用了 8，然而在西方却不是如此，他们没有谐音这样的一个说法，因而“8”也就和其他数字一样平常。他们对数字的偏爱不是因为谐音，他们有着特定的因素。例如我们可以看到七匹狼这样一个品牌，然而他们对数字“6”却有着不好的印象，因为他们认为“6”代表邪恶。在中国却不仅如此，“6”代表顺利的意思。

（二）地域的差异

东西方的地理环境，气候状况存在着较大的区别，而这些区别也会在无形中对语言形成一定的影响。例如在中国，由于东临太平洋，东风一般都代表着温暖，因而在我国的汽车行业有“东风”这样的一个品牌。然而在西方国家，则是西风代表着温暖，因而出现了很多与西风相关的品牌。从这些品牌我们就可以看出，地域和气候状况对当地的文化，当地的语言环境都会形成影响，因此在英语的翻译当中，我们应该把地域和气候状况这些因素都考虑进去。

（三）生活习惯的差异

在上面已经提过东西方在地理环境、气候状况都存在着较大的差异，这也就导致他们在生活习惯方面也就必然存在着差异，而这些差异也导致了语言习惯的差别。例如在称呼上面，西方国家喜欢在称呼前加女士，先生，而在中国，称呼的方式多种多样，有以职业进行称呼的，如“何总”“李老板”“张书记”等。中国人见面时经常提到的一个问题就是“吃饭了没？到我家吃饭啊”，然而在西方国家却不会如此，他们在见面时一般就是问好，这在中国也很难遇见，因为在中国他们不喜欢这样问候，这样会把关系弄生疏。

（四）思维方式的差异

在几千年的发展当中，中华民族形成了一种“中庸观”，凡事要留余地；还有的就是“集体主义观念”，他们相信个人的力量是弱小的，只有集合大家的力量才能做好事情；还有含蓄的性格，他们在语言表达方式上不喜欢太过直接，说话只说七分，其他三分让别人自己去思考。然而在西方国家，他们崇尚“个人英雄主义”，他们认为个人的力量是伟大的，他们鼓励个人的享乐；另外，他们的语言表达很直接，不喜欢拖泥带水。例如中国人在表

达爱意的时候，他们不会直接地去说我爱你，嫁给我吧这样的话，他们一般都会说让我去照顾你吧，我能给你你想要的一切等等委婉的言辞。然而在西方国家的求爱的时候，他们会对自己喜欢的对象明确地说“I Love you”这样的言辞。

二、文化上的差异在英语翻译中的表现

（一）对词语的翻译

以商务英语为例，每一个词语的产生都有着其文化的含义，都有着一定的文化背景，包括风俗习惯、生活习性等。有一位名人曾经说过“翻译是不仅是言语的交流，更是两种文化的交流”因此，在交流当中，只有把词语放在文化背景当中，词语才有意义。由于东西方人在思维方式上存在着较大的区别，因而在表达方式上也就存在着一定的区别。另外，词语的组合也有很大的学问。在汉语的表达方式上有着属于自己的一套组合标准和语法规则，在英语当中，也有着其固有的语法。例如在英语当中有表语这样的一个说法，在汉语当中却没有这样的一个概念。在汉语当中，很多词语因为语气的变化会产生不同的意思。例如“是吗”用一种和缓的语气去说的时候就表达着赞同的意思，说明自己本身不知道，是听到了别人的讲解突然之间明白了，当这个词以比较高的音调用疑问语气去进行表达的时候就是说明对对方的言辞存在着很大的异义，希望别人能解释清楚，然而在英语当中，却没有这么复杂。

（二）对句子的翻译

在对词语进行解释的时候就谈到过东西方国家都有着自己的语法规则。这不仅会对词语的意思产生影响，还会对整句话的意思产生影响。很明显的一个例子就是英语时态的规则，不同的时态对某个词的拼写会产生影响。例如“I have written it”，“written”这个词是对“write”进行的改编，即所谓的现在完成时，然而在汉语的表达当中却没有词的形态的变化，而是用更多的词语去表达现在完成这样的一个意思。

（三）对文章的翻译

上面已经谈到过词语和句子的差异，而当这些差异集中在一篇文章中的时候，存在的差异也就更加之大，并且除了这些固有的差异之外，文章本身也有着差异性。

三、解决英语翻译当中的跨语言文化问题的方法

（一）对语句的意思进行多角度的理解

语言是对内心想法的表达，是情感的外化，这也就导致语言除了字面上的意思之外，还有着某种思想上的意思。因此在翻译的时候要在理解字面上的意思基础之上，对英语中所表达的某种思想进行分析，再把这些思想性的东西融入翻译当中。例如“black tea”的翻译是红茶，而不是黑茶，这就需要在了解基础意思的基础之上，把文化的思想意识考虑

进去。

（二）归化法和异化法的运用

虽然从跨文化角度来理解，归化法对两种文化之间的共同点，融合点重视不够，然而却对译语的文化却非常重视。除此之外，归化法对译语较为有利，他们在理解的时候不需过于费劲，而且归化法能考虑到他们的审美经验和生活经验。在英语的翻译当中，能够将英语完全的翻译成本土的东西，让中国人民能完全理解翻译者所表达的意思，不仅包括英语表达者的字面意思，也包括他们的思想和情感。由于汉语和英语的巨大差异，因此在英语翻译的时候，要运用归化法去理解英语的意思，并将其以一种通俗的方式表达出来。例如“pring up like mushrooms”不应该翻译成像笋子一样生长这样，而应该翻译成“雨后春笋”。还有“love me，love my family”应该翻译成“爱屋及乌”而不是“爱我，爱我的家庭”。还有一种方法就是异化法。异化法是一种与归化法相对应的方法，归化法注重译语者方面更好的理解，然而异化法者注重英语本身的文化，能对文化的交流起推动作用。异化法翻译出来的句子也就更加本土化，对译语者来说不能完全地理解。例如“Speak of the devil and he is sure to appear”．这句话可以翻译成“说曹操，曹操到”，也可以翻译成“说鬼就有鬼”。前者就是一种归化的翻译方法，后面则是一种异化的翻译方法[1]。这也就说明归化法注重中国人能进行更好的理解，翻译更加贴近中国的文化和表达习惯，然而异化法则注重英国的本土文化，让中国人接受完完全全的英语。

（三）在自己的翻译领域，具有该领域的基础知识

在翻译当中经常可以遇到一些专业名词，这也就要求翻译需要专业化，让不同的翻译从事不同的领域，以实现翻译的专业化。以商务英语为例，只有翻译人员对商业这样的一个领域有所了解，这样的一个领域存在着哪些专业名词，哪些基础知识，都应该有所了解。商务函电的翻译虽然不是要完完全全地对字面意思进行忠实的表达，然而对于正文部分和强调的具体事实却要准确翻译，这样才能不会遗漏重要信息。而怎么样才是准确地表达了原文的意思呢？首先就是专业术语翻译符合规范。例如“International Monetary Fund”应该翻译成国际货币基金组织，Buyers of these goods usually provide prospective suppliers with a description of the product and request that bids or price quotations be submitted. 应该翻译成这些货物的买主通常会指定一些有可能的供应商，给他们提供有关产品或服务的相关描述要求他们提交投标书和报价。As part of our marketing mix，we’ll label the product as a premium item with above-average quality.It fits with our image as one of the top companies in the business. 应该翻译成作为我们营销组合的一部分，我们要使这一产品成为高品质的象征，这才符合我们业界领头羊的形象。其次是对具体事实细节进行准确的翻译。例如 Our tires are the best on the market.Let’s sponsor a car-racing team to prove it。在这个的“sponsor”就应该翻译成“赞助”而不应该翻译成“支持”等类似的意思，要注重与专业的相关性。

[1] 彭建武．认知语言学研究 [M]. 青岛：中国海洋大学出版社，2005：12，225.

（四）对表达者的文化背景要有一定的了解

在上面已经谈过文化对语言的影响力是巨大的，因此，翻译人员在翻译的时候要注重对当地文化的了解，并且还要结合我国人民的文化进行科学合理的转换。虽然在翻译的时候，翻译人员不可能做到将表达者所表达的文字和思想意识全部表达出来，但是翻译人员应该尽可能地去把他们的文化与他们的语言结合起来，将翻译的误差降到最低。所以说，只有对表达者的文化背景有着一定的了解才能从根本上了解表达者所表达的意思，从而促进交流的正常进行。

（五）掌握翻译技巧

任何一个行业的从业人员都要对自己所处的行业有着深刻的了解，对所处的行业应该运用到的知识和技巧都要了如指掌。翻译作为一门技巧性非常强的工作，要想真正地对表达者的意思进行转述，不仅需要具有良好的英文基础，需要对表达者的文化背景有一个深刻的了解，还需要在翻译的时候运用一些翻译技巧，例如直译加注的技巧。例如如果把“龙头企业”翻译成“dragon head”，这样会让外国以为是“龙的头”，但是如果翻译成“The first company”又失去了龙头企业的韵味。还有一种技巧就是意译，所谓意义就是不过分的执迷于词语本身所具有的意思，而是从整个大局出发去翻译出与表达者意思相近的语句。例如 I am an out-going，sincere and trust worthy person with a strong self learning ability，I always keep an open mind for new challenges，and I am fond of sports，应该翻译成乐观向上，真诚守信，有很强的自学能力，对新鲜事物接受能力强，爱好体育运动。中间的那句就不应该翻译成对新的挑战有一个开放的理念，这样翻译起来的话就过于生硬，不能与前后句相搭配，也就失去表达者自己所想表达的意思了。

（六）加强跨文化的意识的培养，加强平时的训练

一个伟大的运动员取得成功是通过不断的努力而取得的，而一个好的翻译对英语的翻译也需要勤加练习，还需要在平时加强跨文化意识的培养，多阅读相关的翻译书籍，扩展翻译的视野，在实际翻译的时候也就能够从容不迫。翻译是一种文化的交流活动，而谈到文化，每一种文化都存在着或多或少的区别，这些差异也导致了他们在语言表达上的差异，为了避免因为差异而导致的翻译的错误，就需要多交流双方的文化应该有一定的敏感度，在平时的翻译中去培养这样一种跨文化的意识，在不知不觉当中让自己形成一种区分文化差异的习惯。除此之外，还需要对一些翻译的经典例子进行分析，看别人在翻译的时候是如何区别文化的差异的，如何巧妙地去转换，从而让双方尽可能全面地理解对方的意思。最后，还可以在平时的生活中加强同外国人的交流，了解他们的文化，了解他们的发言和表达方式，然后将这些语言翻译成汉语后让中国人去理解，看中间会产生什么分歧，从而改进自己的翻译。

语言是以文化为基础的，因此在英语翻译的时候，应该在了解文字本身的基础上，充分了解交流双方的文化，并且以一种双方都能接受的方式进行翻译。而如何做到这些还需

要翻译人员多交流双方的文化，有较强的了解，有一定的翻译技巧，并且还要进行科学的练习。只有这样才能消除英语翻译当中因为文化问题而造成的交流问题。

第四节　跨文化视域下的国际商务英语翻译问题及对策

本节深入探讨在新时代、新的发展形式下跨文化视域中国际商务翻译实践中存在的几类典型的问题，诸如文化信息的丢失和扭曲的现象，文化信息传递的可译限度，译者在文化缺省下的真空转嫁、随意增减信息、死译、硬译等。针对所存在的问题，笔者从构筑和谐成功的跨文化交际角度出发提出若干对策。

一、国际商务英语中的跨文化透视

跨文化交际学是国际新兴的综合性学科，涉及的领域甚广，它建立在传播学等理论基础上，常跨越与其他诸如人类学、心理学、语言学、文化学及社会学等学科相结合研究。目前，信息论与传播学的最新成果对翻译产生的深远影响正在逐步显现。跨文化交际活动随着因特网等通信技术的急速发展，不再受时间和空间的制约，越来越多地受到大众传媒的影响。由此，跨文化交际学中又产生了新的概念——跨文化交际翻译，其使命以有效沟通为目的，去理解、去诠释和去翻译跨国界、跨时空、跨民族的信息。

笔者认为，当谈到跨文化交际时，我们不能狭义地论述文化，而应该扩大其范围。因此，本节拟将国际商务英语纳入跨文化交际的研究范畴，着重剖析其在跨文化视域下的翻译问题和对策。目前，国内外商务界和译界已对商务英语做出诸多定义。Wikipedia（维基百科）将其简要定义为与国际贸易相关联的英语。非英语国家的人士学习商务英语的目的是为了与英语国家，或者虽然是非英语国家、但把英语作为通用语的公司或企业进行商务活动。剑桥商务英语（BEC）的定义则为商务人士在工作中需要或将需要使用英语进行交际的语言，也可以是那些在学习结束后即将跨入商界的成人学生们使用的语言。国际商务英语的涵盖范围则几乎涉及各个以英语为载体的相关的商务专业英语，如广告英语、金融英语、外贸函电英语、合同英语、会计英语、审计英语等。我们研究跨文化交际与国际商务英语的动态关系和交叉影响力，旨在提高商务交际的专业化程度和有效交际的效果。21世纪的译者在进行国际商务翻译时，须特别注意本国文化与异国的文化差异，避免英语在不同文化背景下由于文化信息差异而导致的语义信息丢失和文化信息不等值、不对等的失误。

本节立足于国际商务英语翻译也是一种跨文化交际，致力于分析现代国际商务英语翻译中出现的语言转换过程中文化信息的丢失和扭曲现象，探讨在新时代、新的发展形式下跨文化领域中商务英语的现状和面临的一些典型问题，诸如文化信息传递的可译限度，译者在文化缺省下的真空转嫁、随意增减信息、死译、硬译等。针对所存在的问题，笔者从构筑和谐成功的跨文化交际角度出发，将提出若干对策，为业已硕果累累的国际商务英语翻译理论研究浇沃施肥，添砖加瓦[1]。

二、跨文化背景下国际商务英语翻译问题的剖析

根据 Charles Mitchell 在他的《International Business Culture》一书中的观点“成功的国际营销是建筑在错误营销和失败的广告战役的废墟上的。跨文化交际的失误造成了大多数失败的国际营销”，我们可以清晰地看到，虽然国际商务英语的涉及涵盖面甚广，但是广告英语和外贸英语占据了国际商务英语的半壁江山。每年，全世界约有四万种产品会被介绍到全球市场。据该书统计，其中 85% 左右的产品或多或少都是由于文化差异而引起的国际商务英语翻译中的文化信息不等值而失败了。在跨文化交际中，商务英语的谈判者们对文化差异的忽视，或者根本对文化差异的无知状态正是造成上述文化信息不等值的失败营销案例的根本原因，由此国际商务英语的翻译者们有责任担负起了解文化差异的起因，以确保成功的文化信息传递的等值性。本节以下剖析的国际商务英语翻译过程中文化信息丢失和扭曲现象将多以广告英语和外贸英语为例。

（一）文化信息传递的可译限度

翻译是跨文化交际中价值观和思维方式沟通的桥梁。国际商务英语翻译亦如此。译者从事的国际商务英语翻译具体体现为寻找对等语的过程。正确的文化信息传递建立在经过对比的等值文化信息传递的基础上。在此过程中，文化信息的可译限度值得被关注。译者如果遇到可能引起译入语使读者误解的原文、在译语读者眼里可能毫无意义的原文或者译文因语义过载而不能为一般译语读者理解的原文，必须相应做出符合译语文化特性的调整，以保证翻译过程在合理的文化信息传递的可译限度内执行。例如，有译者将“cash crops”译作“金钱作物”，笔者认为就不妥。语言的特殊性使得一种语言中的某些表达难以在另一种语言中找到对应语，于是就出现了语义空缺。英语的“cash crops”超出了译语读者理解的可译限度，再硬生生将其直译为“金钱作物”，则不免有了死译、硬译之嫌。

（二）译者在文化缺省下的真空转嫁

奈达在他的《Language and Culture——Contexts in Translating》一书中提出了“文化缺省”（cultural default）的概念，用来指交际双方在交际过程中对双方共有的文化背景知识的省略。国际商务英语的译者不仅须具备双语能力，更须有双文化能力。如果其在文化缺省的原文语境下，由于疏忽或自己不理解文化词，而草率地将自己的意思真空转嫁给译文读者，则极易给国际商务营销带来不可估量的损失。

例如，广州摩托集团公司下属的“五羊”牌自行车以其活泼新颖的造型外观、丰富的

[1] 郑雨．高校英语教学中模糊语言学的语用意义分析 [J]. 西部素质教育，2015，1（06）：46.

品种选择而深受中国消费者尤其是年轻一族的喜爱。但该产品在向英美等英语国家进行海外营销时曾遇到了阻力。究其原因，问题竟出在其品牌名的翻译上——Five Rams。ram 一词在英语中固然可作“公羊”解，但它还是一个文化词，隐含着撞击之意。试想哪个英语国家的消费者愿意承受着“撞车”的不详意蕴而购买该品牌呢？事实上，中国译者如果始终无视该品牌中“羊”一词的文化缺省，执着地将中国人对羊乖巧、灵敏的印象真空转嫁给西方消费者的话，后果依然不容乐观。“五羊”若是译成“Five Goats”，则带上了“色狼”的文化隐意；若是译成“Five Lambs”，则又捎上了“傻瓜，真好骗”的贬义；若是译成“Five Sheep”，英国人又会联想起“胆小鬼”。事关品牌营销，国际商务英语的译者当慎之。

三、跨文化动力下的对策探索

Dodd 在他的《Dynamics of Intercultural Communication》一书中将跨文化交际失误症归结为感知文化差异，译语读者能否借助这些感知文化差异预感在不同场景中的可能出现的文化困惑与不确定性，以便进行适当的调整，最终达到有效交际的目的是十分关键的。笔者认为，Dodd 的跨文化交际失误包含了上述国际商务英语的译者在文化信息的可译限度和文化缺省时的翻译失误。对此，英国著名翻译家 New mark 的交际翻译理论有着现实的指导意义，交际翻译强调译语信息产生的效果。国际商务英语，尤其是广告英语和外贸英语，为了凸显产品效果以达到营销目的，用词常灵活夸张，注重效果上的对等，其终极目的是译语读者对产品的反应与原语读者的反应相当。国际商务英语的译者可借此探索跨文化动力下的对策。

（一）Nida 归化策略的采用

Nida 的归化翻译策略正好与 Venuti 的异化策略相背，特指以译语读者为归宿，寻找功能对等的表达方式来传递文化信息，力求译文地道生动而避免生硬难懂。事实上，两者在不同的语境中，对文化的传播和交融皆有利弊之处。译界学者包括笔者皆对此问题进行过诸多探讨，在此不多作赘述。笔者认为，对于营销目的性强的国际商务英语而言，归化策略很有效地避免了文化缺省状态下的不可译的文化词的误译。由于归化翻译向来侧重交际翻译，注重交际效果的等值，从而很大程度上避免了由于文化误解甚至文化相悖导致的营销失败。

以前文提到的“cash crops”的翻译为例。既然异化直译的“金钱作物”根本无法为译语读者理解，违背了国际商务英语的翻译目的和宗旨，则不如将其归化译为“经济作物”。再如，“五羊”牌自行车。既然“羊”这个文化词无论怎么译都无法再现广告宣传的初衷，何不舍弃字面直译，归化译为“For Young”，虽然字面上译文与原文“五羊”相去甚远，但却准确地表达了生产商寓意其产品新颖活泼，针对年轻消费者的意图，达到了等值交际的效果。

（二）译者跨文化敏感性和能力的培养

好的译者不仅能自由转换中英两种语言，更能在翻译工作前先一步感知文化差异，即拥有跨文化敏感性，从而适时调整，使产出的译作达到两种文化的有效交际的目的，即驾驭了跨文化交际翻译能力。这样的能力不是一蹴而就的，需要专业翻译课教师连同公共大学英语教师在平日的英语教学中注重对学生跨文化商务意识的熏陶和跨文化能力的培养。无论英语专业学生是以语言文学为方向，还是以金融商务为方向，或者以英语教育为方向，各高校都可以将《跨文化交际学》作为必修课，使学生将跨文化能力和翻译的性质、特点、技巧融合成一个系统，全面均衡地掌握国际商务英语的翻译方法，提高准确性。

第五节　信息化翻译中的文化差异和跨文化意识培养

信息全球化的趋势推动着国际全球化的快速发展以及发展过程中各种问题的出现，在信息全球化的大环境下，国际化的交流需要对不同国家的语言进行一定的翻译处理后才能使双方正确地理解对方所要表达的观点，但是由于不同国家的文化传统存在着一定的差异，从而需要翻译人员对不同国家的文化有充分的认知和理解。翻译人员需要充分发挥个人的能动性，主动去接触不同国家的文化传统，培养自身的跨文化意识，只有这样才能保证在翻译过程中不会出现与源语言较大的差异。本节主要通过信息化环境下出现的一些翻译实例，来探究翻译过程中存在的一些文化差异以及翻译人员进行跨文化意识的具体培养方式。

一、信息化环境下翻译中的文化差异

对于信息化环境下的翻译人员，在进行翻译的过程中需要对不同国家之间的文化差异有着很深的了解，这样才能保持比较强烈的敏感程度。强烈的敏感程度能够帮助翻译人员在翻译的时候尽可能多地保留源语言的基本信息，并且还能够将源语言讲述者的想法和启迪较为完整地获得，在翻译的过程中需要注意的文化差异具体可分为三种类型，主要是文化底蕴、认知方式、思维体系三个类型。

（一）文化底蕴带来的文化差异

文化底蕴的累积主要是在该文化传承的悠久历史中实现的，各国的语言由于长期使用因而承担着记录历史的责任，在长期的使用过程中语言衍生出了很多新的理念以及大量的具有代表性的标志性词汇，这些新概念以及词汇往往是具有实际意义的，代表着该文化中所特有的理念和事物，有着十分强烈的民族色彩和文化特性。如果翻译人员仅仅是对源语言本身进行翻译而忽略该语言所在的文化特性，往往就会对翻译结果的准确性造成很大的影响，这种影响往往会使得翻译结果南辕北辙。具体我们可以通过下面这个例子来进行分析。

首先我们看下面这一句话："I do not have a crystal b all，I can not predict how long it will take"，对于这一句话我们如果只是简单地通过翻译该语言就会得到这样的翻译结果："我没有水晶球，我没办法估计它会持续多久"。很明显这样的翻译结果是不正确的，根本不是源语言的正确翻译方式。

这就是翻译人员在翻译的过程中忽略该语言所在文化的底蕴而造成的错误翻译，翻译人员明显不具有强烈的跨文化意识。这句话出自一位挪威官员之口，这位官员当时致力于缓解斯里兰卡政府与某个民间反政府组织之间的紧张局势，目的在于解放斯里兰卡饱受战争之苦的广大民众，在长期的谈判工作没有结果的情况下，这位官员说出了这样的一句话："I do not have a crystal ball，I can not predict how long it will take." 这句话中的"crystal b all"就是该文化在长期使用过程中衍生出的一个具有实际意义的代表性词汇，这个词汇的意思就是西方文化中经常被提到的水晶球，而水晶球在西方文化中是女巫用来占卜的常用工具之一，因此这句话的真实意思是"我对于未来会怎样不能预示，我没办法估计它会持续多久"[1]。

（二）认知方式带来的文化差异

不同国家对于同一事物往往有着自己独特的认知方式，主要体现在社会价值取向的不同、信仰对象的不同以及教育方式的不同等方面。这种独特的认知方式直接导致人们在面对同一种事物时，会表现出截然相反的认知。对于在语言中经常会使用某一种被人们所熟知的事物来表达对另一种事物的看法，翻译人员在翻译此类语言时需要十分慎重，因为这种被人们所熟知的事物有时候在不同国家的文化中代表着不同的形象，比如"龙"作为我们国家的图腾是十分高贵的，然而在西方国家的神话中总是作为邪恶而强大的形象存在的，如果翻译人员按照自己国家的认知方式对别的国家语言进行翻译，龙的形象在语言中所代表的比喻就是完全不同的。

（三）思维方式带来的文化差异

对于同样的一件事情，不同的国家由于不同的思维方式对其描述方式也不同。以中文与英文为例，在描述一件完整的事件的时候，中文比较习惯于先描述事件的起因从而引出事件的结果，先对事件的发生原因进行假设进而进行理性分析推论，根据事件发生的先后顺序进行描述。与之相反的是，英文的描述方式就有着很大的不同，英文比较习惯于先点出事件的结果，然后再给出事件发生的原因，当翻译人员对英文进行翻译的时候需要注意翻译的先后顺序，将之按照中文的描述方式进行翻译才能保证语序的通顺。具体我们将以下面这个例子来鉴别中文以及英文之间的表达方式的区别："Pakistani forces battled Taliban fighters on Monday as the militants denounced the army and government as U.S.stooges and said a peace pact would end unless the government halted its off ensive"。按照英文的表达方式就是将结果先点出来，然后再将原因叙述出来。与之不同的是中文的表达方式就是先原因后结

[1] 王寅 . 认知语言学探索 [M]. 重庆：重庆出版社，2005.

果，对于同一事件的描述两者有着完全不同的表达方式，翻译人员翻译的时候就需要注意两者之间的文化差异。按照中西方语言习惯的不同，我们将英文中相应的结构做出调整并用传统的汉语方式进行解说，得到的译文如下："由于武装分子指责军队和政府为美国的走狗，并称政府不停止进攻则终止和平协定，巴基斯坦安全部队周一发起对塔利班武装分子的打击行动"。

二、信息化环境下翻译人员的跨文化意识培养

（一）对语言相关的资料进行深入研究

翻译人员需要对语言相关的资料进行深入研究以达到精通的地步，这些资料不仅包括语言学本身，还应包括跨文化交际方面和翻译学方面的详细资料，因为跨文化交际学和翻译学方面的研究能够帮助翻译人员更好地理解不同文化中的交流方式，从而能够正确地将不同文化的语言融会贯通，这样才能保证翻译的正确性。

（二）学习不同国家的不同文化

翻译人员除了将各种语言相关的资料进行了解之外，还应该对不同国家的不同文化有一定程度的了解，因为语言承担着记录历史的责任，而文化是历史沉淀的结果，因此对文化的了解对于语言的翻译工作是有着至关重要的作用的。翻译人员对文化的了解不应只局限于某个方面，而是要全面地去了解社会各个领域的文化，包括政治文化、经济文化、哲学文化、宗教文化等方面；此外，翻译人员还应对不同国家的相关焦点问题加以关注，在进行翻译的过程中经常会遇到与这些焦点问题相关的语言，因此翻译人员需要能动性地选择对翻译工作有所帮助的文化方面进行了解，通过这种方式能够大大提高自身的跨文化意识。

（三）充分了解自身所在的文化

我国的文化是传承时间最长的文化之一，翻译人员需要对本国的文化有着很深的了解才能保证翻译工作顺利进行。翻译人员在研究其他国家的文化的同时还要对本国的文化深入研究才能保证双方的文化交流没有障碍，具体可以通过了解本国相关的历史书籍以及国学大师的著作来研究本国博大精深的文化，通过这些书籍翻译人员可以充分了解到本国文化的精髓所在，从而能够将本国文化的表达方式熟记于心，有助于翻译人员的翻译水准直线上升；此外，也能够帮助翻译人员提高自身的跨文化意识。

（四）通过一定的实践锻炼自身的跨文化意识

翻译人员在培养自己的跨文化意识的时候不只是要在理论层面进行加强，还可以通过一定的实践来加强自身的跨文化意识，具体的实践方式可以是口语练习、书面分析报告、课堂讨论等，翻译人员还可以通过观看相关的视频资料来了解国外的文化理念从而提高自身的跨文化意识。翻译人员只有拥有足够的跨文化意识才能够实现两种或者多种语言的自

由转换，翻译不仅仅只是字符层面上的工作，更是不同文化之间的转换与沟通，一旦翻译人员不具备很好的跨文化意识，就没办法将语言的真正含义完美地传达给受众。因此，一定程度的实践工作能够帮助翻译人员真正地接触到两种文化之间的碰撞，理论与实践相结合才能够达到锻炼自身跨文化意识的效果。

第六节　跨文化视域下广告传播中的茶产品翻译

当前，全球一体化不断发展，各国之间在经济，政治以及文化上的交流也不断增加，我国作为最大的发展中国家，与其他国家的交流也随着时间不断深入。茶文化作为我国的国粹精华，受到了各国人民的喜爱，传达了我国悠久的文化底蕴。因此，在茶文化的传播中我们应当十分注重对其语言的翻译，以求在准确、流利、雅致的基础上，更好地体现其原本的文化风格。但是，在对茶文化的传播尤其是翻译方面，还存在不少的问题，本节从跨文化的角度，深刻论述了茶文化传播的意义及其存在的问题，并且提出了茶文化翻译中可以用到的技巧和方法，做好翻译前的准备工作，融入意境和保留原音以及运用大胆灵活的翻译手法等，力求在准确翻译的基础上体现出其中的人文情怀，以期更好地传播我国优秀的茶文化。

中国因其悠久的历史和深厚的文化底蕴，在国际享誉盛名，作为民族文化特色代表的茶文化，越来越受到各国人民的喜爱，同时也体现了我国在全球一体化中不可或缺的地位。中国是首先生产茶叶并且将其发展为一种文化的国家，随着漫长的历史发展，茶文化的生产技术不断改进，渐渐出现了各种气味，色泽等都不同的优质茶叶，也形成了别具一格、各有特点的茶文化。这些茶文化，体现在与茶叶有关的文学巨著上，同时也体现在以茶为主题的诗词歌赋、绘画戏文等方面。近年来，茶文化更受到了越来越多的重视，为了使我国的优秀文化得到更好的传播，使茶文化步入国际市场，应当对其的传播倾注更多的力量。目前，我国的茶文化在广告传播中依然存在翻译不准确，不优美，或者太过平庸而不能体现我国文化底蕴问题，需要进一步加以改进，才能使茶文化在跨国界，跨文化交流中得到更好的传播。

一、跨文化角度的茶产品翻译

现在，中国的茶叶生产面临着一定的问题，虽然茶叶产量和质量都很好，与其他各国相比，销量也不错。但是，我国的茶文化并没有得到很好的传播，在国际上的影响力和声誉，与肯尼亚、印度等国家相比还有所欠缺。我国的茶叶种类繁多，质量上乘，而且深入人心，家喻户晓，几乎每个人都能说出几种茶名，从龙井、铁观音到碧螺春，不仅气味清香，而且名字优美，让人浮想联翩。但是在国际市场上，却没有得到相同的效果，使得我国的茶文化影响力与我国的优秀声望不能相呼应。细细研究，就会发现原因在于我国只有优秀的茶产品和茶文化，却没有上乘的茶品牌，更深层次的原因就在于没有很好地为各种茶叶命名，同时也没有积极打造好的茶叶品牌，在对外传播过程中也不能很好地传达茶文化理念，广告中的茶文化翻译也就无用武之地。而翻译是文化跨度很大的交流，翻译必须使译文准确，同时增加它的可读性和文字的美感，才算的好的翻译。但是准确的翻译并不代表要求逐字逐句，死板的翻译，而是要保持译文所要表达的意义及译文内涵与原文一致就可以，并且在此基础上增强其美感和传播性，便可为读者提供了准确而优美的翻译，如此，我国的茶文化广告传播才会更进一步。

二、广告传播中茶产品的翻译存在问题

（一）茶产品命名与茶品牌形成

在我国，茶产品的命名通常与其产地相关，而不是以品牌效应的利益为基准，这样就大大削减了茶产品的商业效益。而与其形成对比的，英国的著名红茶品牌立顿已经成为国际上享誉盛名的商标，甚至在我国的市场上也占有了一席之地。究其原因，就是英国的立顿是用大量的商业方法来尽力打造这一品牌，而我国的茶产品确实以地理位置来为其命名和以此区分茶叶种类。美则美矣，只是却不难形成固定的商业品牌，而且每一个地方也不止一种茶产品，数以万计的茶叶各自打造自己品牌，无法形成商标效应，就无法带来商业效益，阻碍了我国茶产品的发展[1]。同时也为我国茶产品在广告传播中的翻译带来巨大的困难，因为根据地理位置来翻译茶产品，不仅难以区分，而且没有雅致的感觉，国际市场很难有其用武之地，所以茶产品的命名与茶品牌的形成是茶文化翻译中的第一个大问题。

（二）语言差异及修辞转换

跨越文化差异的翻译，本身就带着一定的困难，加上茶文化的博大精深，更给翻译带来难度。我国的茶文化不仅是茶叶，而且其中承载了太多了我国的特殊民族文化，辞藻华丽，意义深刻，体现了古老的中国深厚的文化底蕴，而别具一格的东方文化，而其中所包含的人文主义更是绝妙。而且茶文化的描述中修辞，比喻，拟人，排比等手法得到了炉火纯青的应用，甚至不喝茶，只是读来便觉得齿颊留香、回味无穷。而当翻译成外语时便少了汉语的美妙，降低了茶文化的美感，很难将其中的人文情怀展现出来。

（三）广告传播与文化传播的差异

广告传播注重商业效益，在经济信息文化全速发展的今天，全球各国在各个方面都互相交流沟通，广告的商业选择已经不再单一，而是变得更加多元化。我国的茶产品不仅要在质量上有保证，而且在广告宣传上也应该下足功夫。但是，广告宣传注重树立品牌、商标，寻找形象代言人，带来商业效益，品牌必须建立在物质依托上。而文化传播更注重以

[1] 张美芳．翻译研究的功能途径 [M]. 上海：上海外语教育出版社，2005.

一种细水长流的方式，将我国茶文化潜移默化地发展起来，这其中存在的差异也为我国茶文化在广告传播中的翻译带来了困难，广告词的写作和翻译既要体现一定的文化底蕴，还要能形成有所特点的品牌效应，带来商业效益，这样一来，翻译不仅需要准确、科学，更需要有吸引人的地方，有其别具一格的语言特色。

三、广告传播中茶文化的翻译技巧

（一）了解背景与资料收集

在翻译工作开展之前，首先要对我国的茶文化有所了解。基础的包括茶叶产地和发源地，以及其种植生长过程，还有形貌分析描绘、色泽气味的了解，进一步的还有茶产品中所包含的文化含义，这就涉及与该茶叶有关的传说故事等。在对这些有所了解的基础上，要对茶文化书籍进行细致阅读，要能体会其中的情感和人文主义情怀。与此同时，要大量收集相关资料，书籍，音乐，诗词歌赋等，还要对其进行归纳整理。这样在翻译过程中，便能水到渠成地表达出本身的文化，其中加入了自己的真情实感，所翻译出来的译文就不仅仅是对于某茶产品的广告词，而是一种文化。

（二）融入意境和保留原音

在茶产品的翻译中，除了直接翻译外，还应该注意保留原本名称的翻译和融入感情的翻译。直接翻译即将字面意用高超的翻译技巧翻译出来，不仅能保留原本的文章风格，还能体现民族特色，尤其是我国的茶产品常用地理位置和形状色泽等命名，这样翻译更能传达文化精髓。但是，并不是所有的茶产品都可以直接翻译出来，很多茶文化涉及了晦涩难懂的历史典故和拗口的产地等，直接翻译未免生硬。这时，可以用保留原本发音的方法来翻译，以期能够保留原文中的文化情怀，同时对于发音翻译的地方应该对其进行注解，方便读者对于译文内容的理解。比如说，有些茶叶是以实际就有的人名或者地名来命名的，翻译时就应该保留，也是尊重文化的一种表现。

（三）手法灵活且思维大胆

直接翻译和保留发音的翻译都是以语言和文化为核心的，但是，这样翻译在融会贯通、传播全球时还是存在一定的缺陷，尤其是对于那些对中国文化知之甚少的国外友人，很难理解其中的韵味。这样我们就需要对传统的翻译方式作一定的修改，用一种更加大胆而灵活的方式，放弃原文的文字顺序和描述语句，根据译者本人的文化修养和自己的真情实感，进行一种文学层面的翻译。这对译者的要求很高，需要其深刻理解茶文化的内涵，并且灵活运用文字，能够做到简练明白、言简意赅，准确传达原文意思的同时加入自己的想法。这样的翻译更接近于一种文学创作，而不再是照本宣科的翻译，这也有利于我国文化的体现和传播，并且也更容易被读者接受。

我国的茶文化历史悠久，底蕴深厚，但是在广告传播中存在翻译不准确、不优美，或者太过平庸而不能体现我国文化底蕴的问题，需要进一步加以改进，才能使茶文化在跨国界、跨文化交流中得到更好的传播。从跨文化的角度来说，在茶文化翻译中可以用到很多技巧和方法，比如说做好翻译前的准备工作，融入意境和保留原音以及运用大胆灵活的翻译手法等，力求能在准确翻译的基础上体现出其中的人文情怀，以期更好地传播我国优秀的茶文化。

第七节　跨文化视角下流行词语翻译的问题及策略

流行词语蕴含了丰富的文化内涵，在中译英的过程中不仅要透彻清楚地理解汉语原词的内涵意义，同时还要深入了解译入语的语言文化背景及特点。在跨文化视角下，根据流行词语的含义和文化内涵选择恰当的翻译方法进行翻译，从而做到达意、传神又地道，最终实现跨文化交流的目的。

流行词语是特定语言系统对特定社会真实的反映，它不仅是一种独特的语言现象，还是一种丰富深刻的文化现象。而更好的翻译才能充分展现中国传统文化的特色和博大精深。中国著名翻译家张培基先生说："翻译是运用一种语言把另一种语言所表达的思维内容准确而完整地重新表达出来的语言活动"[1]。作为两种语言思维文化的交流的媒介，在翻译的过程中必然会有语言思维方式互相渗透的现象，从而对语言的使用产生影响，促使语言产生、发展、变化。作为一种不同国家或民族的语言，在进行翻译时我们要从汉语和英语表达方面的差异入手，深入探究如何才能打破硬译的框框，用正宗的英语表达纯正的中文流行词语，从而达到传播中国文化和实现跨文化交流的目的。

一、流行词语中译英存在的跨文化问题

（一）高语境与低语境

美国人类学家爱德华·霍尔指出了文化在大众社会生活中的重要性，"文化是人类生活的环境，人类生活的各个方面无不受文化的影响，并随文化的变化而变化"[2]。霍尔又进一步将文化语境分为高语境和低语境。高语境和低语境的差异导致了交流方式的不同。美国人更愿意坦率直白地表达自己的观点和态度，而中国人则更喜欢以委婉的方式来表达自己的意愿。在交际的过程中，中国人更多考虑的是交际对方的感受和面子问题。这是受中国传统儒家思想中注重群体利益、讲究团队合作的影响，习惯于用隐晦或婉转的方式表达

[1]　朱先明，王彬．体育新闻标题翻译中的译者主体性探析——以隐喻翻译为中心的考察 [J]. 淮北师范大学学报（哲学社会科学版），2016，37（05）：79-82.

[2]　杨飞."ESP"理论视角下的大型国际赛事体育英语翻译现状分析 [J]. 成都体育学院学报，2015，41(03)：64-67.

自己的真实思想。为了避免双方出现尴尬，我们往往不愿意使用语言符号来表达自己不赞同的态度，通常是利用诸如表情、情绪、手势等非语言符号来间接的暗示对方，其所要表达的真正目的有时很难从外在的表现进行判断。美国人则与之不同，他们重视个人权利的使用和推崇个人主义，不愿意受到其他人给其施加的压力和影响。所以他们会倾向于坦率地表达自己的意见或态度。在以中国和美国为代表的东西方文化交流时，不注意两者之间文化差异，很容易引起跨文化交际中的误解和造成交流障碍。

跨文化传播学中的高语境与低语境更直接地把词语翻译中语境的影响力放在了考虑范围内，同时也客观地强调了语境在翻译效果上所起到的决定作用。在流行词语的中译英中我们也可以发现，很多汉语流行词语汇属于高语境词语，目的语是低语境词语的时候，我们就需要注意用什么样的翻译方法才能更好地进行高语境词语向低语境词语的转换。

（二）文化涵化

作为文化变迁的一种主要形式，指的是一种文化通过与异文化持续的接触而引起原文化模式的变化，也包括两个或更多不同文化体系之间由于接触和影响而造成的一方或各方发生不同程度的文化变迁。随着中国文化软实力的增强，汉语流行词语“渗透”进英语的情况也越来越多。例如我们使用问候语“Long time no see”向一位外国朋友打招呼，他不会认为这是中式英语，而风靡全球的魔幻小说《哈利·波特》系列中也使用了这句问候语。如“dama”“tuhao”等流行词语汇也以单词的形式被收录进《牛津英语词典》。可以说这既是中国文化涵化成功的一种表现，也是中国文化输出的一个重要契机。

为了使更多的、优秀的、具有中国特色的、反映中国现实生活的流行词语被其他国家接受，也为了增强中国的软实力和文化输出能力，在流行词语汇中译英的过程中，我们不仅要考虑到中西方思维方面和语境方面的差异，还需要考虑怎样翻译才能提高中国流行词语的文化涵化及跨文化传播能力。

二、流行词语中译英翻译策略

语言是文化重要的组成部分，不同的文化传统造成了不同社会体制和与此紧密联系的意识形态方面的差异，而这种差异也必然会在语言表达方式中反映出来。很多中国流行词语在西方英语国家中并不存在相对应的词语，这就使得中译英出现一个突出的难点：如何让西方英语读者迅速准确地理解、接受中国特有的一些思想观念？对于翻译者来说最大的问题是：如何设法做到让读者理解流行词语内涵的同时尽可能贴近原文本的特点，而不是把翻译本身完全变成一种随意的说明和解释。在跨文化传播的视角下，笔者认为汉语流行词语的中译英使用音译、归译和类推三种典型的方法能够使受众群体更好地理解流行词语的内涵[1]。

现如今，中国经济步入新常态，政府也提出了新的规划，2014 年国家新型城镇化

[1] 方梦之. 翻译新论与实践 [M]. 青岛：青岛出版社，1999.

综合化试点正式公布。对于新型城镇化可以翻译为“new type urbanization”或“new — type urban — oriented”。随着中国经济的迅速发展，我们可以体会到，以“化”为结尾的复合词使用频率越来越高，但是有很多具有中国文化特色的类似词语在英语中并没有相对应的词语，这就需要我们使用类推方法来进行翻译。我们可以考虑使用“driven”“based”“oriented”等词语来代替这些复合词。如“社会知识化”就可以翻译为“a knowledge — driven society”，“市场化”翻译为“market — oriented”，“企业信息化”翻译为“information — based enterprise”。

在流行词语汇中译英过程中，当不同语言和文化背景下的受众在感受、思维和理解等方面出现的巨大差异，不能通过其中一种语言或文化体系中词语来转换为另一种语言或文化体系中词语的意思时，音译就成了译者首选的翻译方法。音译法可以比较完整地保留汉语流行词语汇的外在风格和语言特色。而在中国优秀传统文化向世界输出时，采用音译的翻译方法既可以扩大汉语的国际影响力，也可以增强中国的文化软实力。

“与土豪做朋友”在网络流行之后，“土豪”就成为大众调侃的对象，同时也加入了流行词语行列。在大众的印象中，“土豪”是一个略含贬义的流行词语，常用于“土豪劣绅”一词中。因此，在翻译该词语时需要特别注意其所处的文化语境。很多媒体就直接使用“土豪”的音译“tuhao”。这样，对“土豪”进行音译是最能表达该词的中国特色和内涵的了。

（一）归化

归化翻译是指为迎合译文读者的理解和反应，而放弃原文的语句和形象，从目的语中选择与原文词语含义相同的词语进行翻译的方法。由于流行词语汇往往反映的是当地的文化特色，使用其他翻译方法很难使受众理解其真正内涵，归化则可以使翻译更加地道、生动和形象。

例 1：“大咖”一词最早进入大众的视野是《百变大咖秀》这档综艺节目推出之后，有人把该节目翻译为“The Show of Changing Casting”。“大咖”有很多的含义，如果在翻译中使用“casting”则不能全面表达该词的准确含义。而在英文中“big shot”不仅有“比较厉害的人”“有身份的人”“高手”的含义，还有“大人物”的含义。所以使用“big shot”来表达“大咖”最合适不过了。

例 2：随着时代的进步与发展，凡是用其他人的身份来顶替为自己做事的人，都可以叫作“枪手”。如果我们把“枪手”翻译为“gunman”，国外受众一定会一头雾水、云里雾里，不能正确理解“枪手”所包含的特定含义。而英语词语中的“ringer”一词指的就是替考者，因此“枪手”被翻译为“ringer”对受众来说会更加贴切。

（二）类推

类推翻译是在其他翻译方法的基础上演变的一种翻译方法。汉语流行词语汇中有很多词语是由类推得来，因而在进行中译英时，可采用类推翻译。在使用该方法时，要充分考虑到具有同一结构或成分的流行词语汇的内在含义和文化背景，正确地使用类推翻译。

“学霸”一词现在也非常流行，原意指的是某个学术领域把持学术话语的人，略带贬义，现在则是指那些学习劲头十足、成绩优异的学生。关于“学霸”的译法有很多种，如“super scholar”“king of study”等，但笔者认为使用“study bug”更能体现出“学霸”一词的含义。在英语口语中“bug”有“热衷者”或“迷”的意思，而且bug和“霸”字发音也极其相似。随着“学霸”这一流行词语的走红，很多带有“霸”字的流行词语如雨后春笋般出现，在翻译这些词语的时候，就可以使用类推的方法进行翻译，如将“考霸”翻译为“exam bug”，“面霸”翻译为“interview bug”，“听霸”翻译为“listening bug”。

流行词语汇自身反映的就是中国社会的一种真实状态，只有让外国人了解中国的最真实情况，他们才能更加了解中国人的想法和心态，文化交流才能更加顺畅。语言的使用不能脱离文化而独立存在。流行词语中译英不仅体现在语言表达的层面，而且和文化有着千丝万缕的关系。汉语流行词语的翻译不能随心所欲地进行直译，或仅凭英文字典的释义进行简单的翻译，译者需要深入了解两者之间的文化及其差异，充分考虑到流行词语所处的语境及其文化涵化效果。要想真正把流行词语翻译到位，还需要我们进行更多的实践和积累经验，在跨文化实践中增强流行词语中译英的能力。

第五章　跨文化英语翻译的基本内容

第一节　跨文化视域下的英语新闻翻译

随着全球化的不断深入，各国之间的文化交流越来越频繁，加之各种语言的差异性，翻译在跨文化交流中发挥着重要的作用。作为社会信息交流的一种重要方式，新闻报道字里行间反映着社会文化的新动向。因此，译者在翻译新闻英语时必须具备跨文化意识，应在全面了解新闻英语的词汇特点和句法特点的基础上，遵循正确的翻译原则，提升英语新闻的翻译水准。

作为文化重要载体之一的语言，其表达的方式和内容都表现出特有的文化内容，不同民族在语言表达方式上有其独特的民族特点。因此，作为一种跨文化交际活动，翻译就如同桥梁一般在各国、各民族之间的文化交流沟通中发挥着重要的纽带作用。在跨文化交际中，翻译人员如果不能充分地认识和了解两国的文化差异，翻译工作将困难重重。可以说，译者对于两种文化的熟悉程度直接关系着翻译的质量。因此，翻译人员在翻译过程中一定要有良好的跨文化意识，才能跨越两种文化之间的鸿沟，真正实现跨文化的交流。就英语新闻翻译而言，翻译人员除了要掌握新闻英语的特点和翻译原则外，更要具备良好的跨文化意识，熟悉两种语言背后隐藏的文化，才能尽可能全面准确地再现原文的思想内容，实现英语新闻的精准翻译。

一、新闻英语的特点

（一）新闻英语的词汇特点

词汇是英语新闻中最基本的构成单位，与其他英语作品用词不同，新闻英语的用词有着自身的特点。

1. 使用新鲜词汇或常用词汇赋予新的含义

为了突出英语新闻的时效性和简洁性、增加英语新闻的生动性和趣味性，英语新闻中常常会使用某些特定领域的专业词汇或外来词汇等新鲜词汇。此外，英语新闻中的很多常用词汇在长期频繁使用后渐渐具备了新的意义，这些新的含义往往与某些特定的新闻事件有关，带有特定的新闻色彩和丰富的文化内涵，能更好地吸引读者。

2．选用短小的词汇

由于篇幅有限，新闻英语（尤其是英语标题）往往喜欢选用意义广泛的简短小词来替代音节较多的词，如用 aid 来替代 assist，用 cop 替代 policeman 等。这些精悍小词既节省了版面又能简洁有力地表达新闻的内容，使读者快速地抓住新闻大意。在将这些词汇翻译成汉语时，应首先根据文章的具体意境将其还原成对应的英语长词，再翻译成恰当的汉语词汇。

3．运用比喻词和流行词

虽然新闻写作具有写实性和严谨性的特点，新闻英语常常会巧妙灵活地运用一些比喻词和时髦词汇，来增强新闻报道的生动性和趣味性，从而大大地提升读者的阅读兴趣和英语新闻的宣传效果。例如，美国《时代周刊》上一篇题为“Catching the Asian Flu”的新闻用“亚洲流感”（Asian Flu）生动形象地反映了亚洲金融危机对美国股市的影响，幽默风趣，使人感受真切。又如，英国《经济学家》里一则题为“Free Fall”的报道用“自由降落”（Free Fall）来比喻苏联经济的一落千丈和大滑坡，语言精练生动[1]。

4．创新的词汇频繁出现

语言是时代发展的产物，时代的发展带来语言的不断变换，因此新闻英语中会有很多与时俱进的新词汇（包括新造词汇和词义翻新的旧词），其中很多都是网络用语。这些新造词汇生动新颖，时代气息浓烈，表达效果佳，深受读者的喜爱，能极大地激发读者的阅读兴趣。比如，“Taikonaut”（太空人）是一个以汉语拼音为基础的新造英文词汇，频繁地出现在西方媒体关于中国“神七”的英文新闻报道中，专指“中国的航天员”，体现了中国的科技在世界的影响力。

5．常用缩略语

新闻英语中所使用的缩略语通常是由几个重要英文单词的首字母组合而成，例如“WTO”（World Trade Organization）等，这些缩略语能体现新闻英语简明扼要的特性，能在有限的版面里表达更多的内容。

（二）新闻英语的句法特点

除了独特的词汇特点外，新闻英语在句法方面也表现出一定的特点，主要体现在以下方面：

1．时态方面

新闻英语中所使用的时态比较灵活，但是常用的时态多为现在时，尤其是新闻标题中时态的使用，如：A Ground War Begins，这样能更好地体现新闻报道的时效性和现实感，使读者在阅读新闻的过程中感受到新闻事件的真实感。

2．句式方面

由于报刊的版面十分有限和珍贵，新闻英语在句式方面的一个重要特征就是擅长采用

[1] 杨雪．浅谈英语教学中应用语言学的有效应用 [J]. 教育现代化，2018，5（11）:185-186.

简单句和省略句，如通过使用分词短语和省略介词、冠词等手段来精炼语句，这不仅能将尽可能多的新闻内容浓缩到有限的篇幅之中，还能提高读者的注意力。此外，新闻英语的另一重要句式特征是主动句式占主体，因为主动句式能够使新闻阅读者有亲临其境的感觉，能够增强新闻的感染力和真实性。

二、新闻英语翻译中的跨文化意识

随着全球化和信息化的不断深入，我国与外界的交流越来越频繁，人们越来越渴望能及时得到有关世界各地的信息。英语在全球的通用性使得英语新闻成了人们了解世界的一个最为便捷的途径。但是，很多人由于英语水平有限，无法读懂英语新闻，因此有必要对英语新闻进行翻译，使之能更广泛地传播给各个层次的受众。由于新闻报道涉及社会生活的方方面面，包含着大量的社会、政治、历史等文化背景，反映着社会文化的最新动向，因此，对英语新闻的翻译其实也是一种跨文化传播行为，译者在翻译新闻英语时必须具备跨文化意识。所谓跨文化意识，就是译者在进行两种语言的转换时所持有的思维方式以及对于不同语言背后的文化因素的敏锐判断力。这种意识的建立能帮助译者对新闻的表达用词保持高度的敏感，准确把握新闻语言背后所隐藏的文化信息，在实现文字转换的同时跨越文化差异的障碍，使目的语在符合语言规则的基础上，尽可能全面准确地表达原文的思想内容，做到英语新闻的精准翻译。可以说，跨文化意识是译者必须具备的重要翻译技能之一，是译者更好更精准地进行英语新闻翻译的前提。

三、英语新闻中的文化因素及翻译原则

由于新闻报道是文化传播的重要途径，蕴含着丰富的社会文化信息，译者在进行英语新闻翻译时特别要注意识别和理解新闻语言背后所蕴藏的文化内涵，然后在具体的翻译理论和原则的指导下，运用恰当的方法对英语新闻进行精准的翻译。

（一）英语新闻中句子的翻译

由于中西方文化的不同，造就了中西方不同的思维方式，这种思维方式的不同也体现在英汉两种语言在词汇和用法上的天壤之别：英语具有抽象分析的特点，而汉语具有直观综合的特点。加之新闻的时效性，记者须在较短时间内交稿，往往没过多时间对新闻稿进行加工润色，因此英语新闻句子往往很长、结构较松散，一句话常常包含很多插入语。因此，在将这些新闻里的英语句子翻译成中文时，译者要考虑到中西方不同思维模式下的英汉语言特点，理清英语句子中各成分之间的意义层次和逻辑关系，然后结合中文的思维模式和表达习惯，合理调整句式和转换词性，避免生硬拗口的西式直译，最大限度地避免译文读者在阅读中产生理解的障碍或偏差。

（二）新闻英语中典故的翻译

为了使新闻报道更加形象生动、增加读者的阅读兴趣，记者总是巧妙地将读者所熟悉的典故融合在新闻报道中。这些典故主要源于神话传说、经典名篇和历史故事，因此典故与文化密切相连。随着中西方文化交流的深入，中国对西方的典故也有所了解，译者需要根据读者对典故的熟悉程度来处理英语新闻中的典故。如果读者对典故很熟悉，可以采用异化的翻译方法，即将某种语言和文化中的信息尽可能地以其原来的形式转换成另一种语言的翻译方法；如果读者不熟悉这些典故，则最好采用归化的翻译方法，以免读者产生理解上的障碍。例如：英语新闻报道中常引用“as word of Damocles”形容临近的危急情况，由于中国读者比较熟悉这个典故，最好将之异化翻译为“达摩克利斯剑”，以便两种文化之间更好的交流与渗透。

（三）新闻英语中习语的翻译

英语习语，类似于中文中的成语，形式简洁而意义精辟，是西方人们在生活中长期使用而逐渐固定下来的语言结构，蕴含着丰富的民族特色和文化信息。为了使新闻报道的可读性更强，记者常常会使用贴近读者生活的习语表达。因此，在翻译新闻中的习语时，尤其是对于那些有着特定内涵的习语，译者切不可按照字面意思直白地翻译，而要在理解习语深层意思的基础上再选择贴切的中文词汇来翻译，即应该多采用意译的方法处理习语的翻译。例如：英语习语“rain cats and dogs”的意思绝不是“下猫下狗”能够表达的。

（四）新闻英语中历史事件与人物的翻译

历史事件和人物是一个民族重要的文化组成部分，它们经常出现在英语新闻报道中，表达着超出历史事件或人物本身的深层次含义。对于这类历史词汇的翻译，译者一定要对相关人物和事件背景进行充分的了解，否则翻译出来的内容将词不达意，正如周学艺先生所言，“要读二战的文章，就不得不了解美国的艾森豪威尔、英国的蒙哥马利元帅和法国的戴高乐等将军的经历”。例如，自尼克松水门事件（water gate scandal）之后，新闻英语中不断出现带“gate”后缀的词来指某一丑闻，例如，Camilla gate，Squidgy gate，Korea gate，Debate gate 等。在翻译该类词语时，译者应在直译的基础上补充必要的背景信息，以便帮助读者更好地理解译文。

语言与文化密不可分，各个民族的语言都带有本民族文化的印记，因此翻译必然会受到原语和译入语文化的限制，新闻翻译实质上是一种跨越语言和文化的信息交流行为。在翻译英语新闻时，译者除了要掌握两种语言的行文习惯，还要研究语言后面的文化内涵，提高文化敏感度，建立跨文化意识，然后运用合适的翻译方法处理文化差异，尽可能全面准确地把原文的思想内容和文化信息传递给读者，实现英语新闻的精准翻译。

第二节 跨文化视域下的旅游英语翻译

受中西方文化差异影响，使得在旅游景点翻译中，翻译人员具备跨文化意识显得至关重要。唯有如此，翻译人员方可基于外国游客需求导向，科学合理运用翻译技巧策略，以实现对各式各样文化信息的准确传达阐释。文章通过阐述不同文化对旅游景点英语翻译的影响，分析跨文化背景下旅游景点英语翻译中存在的主要问题，对基于跨文化意识的旅游景点英语翻译策略展开探讨，旨在为如何促进跨文化背景下旅游景点英语翻译的有序开展研究适用提供一些思路。

跨文化，指的是对于与自身民族文化存在差异或者冲突的文化现象、风俗等具备有效正确的认识，并基于此以包容的原则进行接收、适应。在全体一体化发展不断深入的背景下，国家与国家相互间交流活动变得越来越频发，社会进步、科技发展推动了跨文化交流的飞速发展。与此同时，跨文化的交际旅游英语，也实现了长足发展。旅游英语不单单对不同语言工具予以转化，同时还是各国文化交流的重要方式。依托准确的旅游景点英语翻译，可使中国文化走向全世界，提高中国在国际社会上的影响力。由此可见，对旅游景点英语翻译中的跨文化意识开展研究，有着十分重要的现实意义。

一、不同文化对旅游景点英语翻译的影响

在旅游景点英语翻译中，不同文化对旅游景点英语翻译有着不尽相同的影响。究其原因主要是，不同国家、民族相互间有着各不相同的文化，进而使得他们对事物的理解存在或多或少的差异。各个国家、民族在长期发展进程中，均会形成特有的历史背景、文化背景。就好比，我国历史文化源远流长，不仅有着浓厚的地域文化及民俗风情，各个民族在不同历史文化熏陶下，还衍生出了独特的民族特色。所以，不同国家、地区在不同历史文化、人文风情等差异的影响下，会很大程度上对旅游景点英语翻译带来影响，要求翻译人员在翻译原语特色文化过程中，要确保翻译后的词语依旧具备原语的文化特征。

二、跨文化背景下旅游景点英语翻译中存在的主要问题

（一）缺乏统一的对象

一方面，我国土地广袤，有着大量的风景名胜古迹。然而在对大量旅游景点翻译过程中，却未能形成全面统一的认识，由此使得出现各式各样的翻译版本，极易使受众产生诸多疑惑。例如，对于著名旅游景点“衡山”的翻译，有的翻译成“Heng Mountain”，有的翻译成“Heng Shan Mountain”等。不管是哪一种翻译版本，放置于相应语言环境中，均可正常使用，而不存在对错的问题。然而，衡山作为一个享誉世界的旅游风景区，在对外

宣传过程中，却未能形成统一认识。另一方面，不论是哪个旅游景区均有着自身较为固定的游客群体，然而在跨文化背景下的旅游景点英语翻译中，却缺乏对目标游客群体的针对性服务，由此使得游客游览体验下降，使得客源不断流失。

（二）翻译失误或者错误

在我国旅游景区中经常会出现各种英语翻译错误现象，造成外国游客的理解误会，这样不利于我国景区建设的稳定持续发展。就比如，旅游景区工作人员在景区内设置的“请勿攀爬”等标牌提示语，正确的英语翻译应该是“Don’t climb please”，然而实际情况是景区负责翻译的工作人员直接将其翻译成“Don’t climbing please”，这明显是一种翻译语法错误，体现出了我国景区翻译人员对基础性翻译内容的不够重视。此外，由于翻译人员自身的失误，在翻译单词拼写过程中还会出现某个字母错误的现象，影响到海外游客正常理解其含义。造成景区翻译失误和错误问题的根本原因还是翻译工作人员自身水平和素质偏低，对待工作责任心不够高。针对于此，相关部门必须加强景区英文翻译内容的监督管理工作，安排专业人士负责管理景区英语翻译，不断提高旅游景点英语翻译水平，有效避免英语翻译错误现象的发生。

（三）缺乏对历史文化内涵的充分认识

我国旅游景点介绍涉及悠久的历史背景文化知识，如果英语翻译人员缺乏充足的景区历史文化积淀，对景点背景文化知识了解不深，将会导致跨文化翻译错误问题的出现。就比如，翻译人员在对我国著名景区名称“黄帝陵”进行翻译时，如果直接采取直译的方式，将其翻译成“The tomb of Huang di，first Chinese emperor”，这明显是一个翻译错误，体现出翻译人员对黄帝陵历史文化的认识不足。在我国历史中“帝”这个称谓是在秦朝统治者嬴政那个时期发明提出来的，早于秦朝时期的国家统治者通常被称为“王”或者“首领”[1]。因此，在对“黄帝陵”景区名称进行翻译时，翻译人员应该将其翻译成“chief”。翻译人员在对一些历史遗迹类景点展开英文翻译作业时，首先要认真做好历史背景文化的功课，充分掌握了解到与景点相关的历史文化，这样才能够保障翻译结果的准确性，避免海外游客对译语产生误会。

三、基于跨文化意识的旅游景点英语翻译策略

（一）强化目标读者的针对性引导

对于旅游景区来说，不同景点都会有着相对稳定的旅游客群体。景区英文翻译工作人员要根据不同游客群体的语言表达习惯、背景文化合理制定与之对应的翻译文本，这样有利于提高游客对我国本土文化的认识理解水平，保证游客景区游览过程的舒适性和方便性，

[1] 蒲显伟，陆雷娜．国际应用语言学期刊效应值报告与解释现状研究 [J]．统计与信息论坛，2016，31(05)：77-83.

推动我国旅游产业更好地发展。在旅游景点翻译过程中，翻译人员要自觉培养自身的跨文化意识，有效提高对不同景点的实际翻译水平。就比如，在对我国名山——南岳衡山进行英文翻译介绍时，翻译人员需要结合有着悠久历史渊源的东南亚华裔游客展开针对性的文本翻译，要充分凸显出衡山寿文化与东南亚地区广泛流行的中国传统文化，最大程度地提高该景点固定游客在游览过程所能够拥有的归属感和价值感，这样才能够发挥出我国景区旅游的价值，吸引到更多的海外游客，创造出更多的社会经济效益。

（二）增强翻译用语的适用性、准确性

相关翻译研究人员指出，翻译工作人员在翻译中最高的境界就是促使翻译读起来不像是翻译，不具备明显的翻译味道，也不会出现社会翻译家常用的英语语句。因此，我国英文翻译人员要通过提高自身母语学习研究水平，通过合理运用地道漂亮的汉语进行英语原文的翻译工作，充分向海外游客传达出来自异文化的魅力声音。根据我国传统文化的翻译标准，英语翻译人员在翻译过程不仅要提高翻译用语的准确性，还必须增强其实用性。旅游景点英文翻译人员要科学选择最为合适的翻译词汇和方法，向游客全面准确展示出景点的相关表达内容，翻译用语要注重海外游客理解的接受程度，要将我国语言背景文化与对方文化有效结合在一起。在我国旅游景区中，存在很多景点命名都是根据其实际地理位置、历史典故以及著名历史人物进行命名的。针对于此，我国英文翻译人员在翻译时只能够采取音译方式。值得注意的是，如果景点名称中有“草堂”“故居”等汉语词汇，那么翻译人员就必须结合外国文学特点展开翻译词汇的选择运用，不能只是盲目采用音译方式。

（三）推进对原语内在精神及风格的准确传达

在跨文化旅游景点英语翻译中，应当基于旅游文本目的导向，对旅游文本中的内容、信息予以尽量保留，如此方可达成旅游文化的目的。与此同时，应当加强对跨文化翻译策略的科学合理应用，尽量保留原语中所具备的内涵特征，确保在翻译文本过程中彰显出更为深厚的地方文化，使游客心领神会。特别在宣传历史人物、人文古迹过程中，应当注重传达原语中历史人物、人文古迹所具备的精神气节、艺术韵味等。

就好比，将一些旅游景点的祝寿词“寿比南山”翻译成“As Old as Methuselah”，即便汉英两种语言的成语形成存在差异，然而寓意是一致的，可形成相接近的效果。不管是汉译英，还是英译汉，翻译人员均应当自本土、他国文化层面出发，开展合理的转换，使对方不仅能读得懂，更能够充分接收到原文所表达的含义。

海外游客到中国进行旅游，除了想要领略我国景区的美丽景色，还更想了解到我国一些景点的历史背景文化。就比如，在我国东湖生态旅游景区中存在着这样一段英文翻译内容，汉语内容是：听涛景区以浩瀚的湖泊风光、以源远流长的屈原文化为特色。英文翻译人员将其翻译成了“Ting tao Scenic Area is famous for its vast lake scenery and along history of Qu Yuan culture”，这样的翻译虽然符合了英文语言旅游文本的表达习惯，但是却缺少对该景点中著名历史人物屈原有关文化内容的介绍，不利于游客对景点文化的深入了解。

因此，翻译人员可以将其改成“Ting tao Scenic Spot features Qu Yuan(a patriotic poet and senior official in the state of Chu in the Warring States Period)Culture and vast lake scenery”。

综上所述，提高旅游英语翻译整体水平，对推进我国旅游业发展及提高国际交流可发挥十分重要的推动作用。而在旅游景点英语翻译中，应用跨文化意识对推动国际交流及文化传播起到了至关重要的作用。

第三节 跨文化视域下的武术英语翻译

翻译是不同语言的民族进行文化思想交际的一种手段。武术的翻译是使传统武术走向其他国家，显示中华武术特色、民族文化的一种手段。英语作为跨文化交际中使用最广泛的语言，武术英语翻译受到越来越多的关注和研究。本节试图从跨文化交际的视角探讨武术英语翻译的原则和策略。

武术是具有中国特色的传统运动项目，有独特的东方哲学思想、民族文化，是历代武术家斗争经验、练武经验、生活经验、养生经验的结晶。它使用精辟的语言指导习武者做人、行事、养生、练功、传艺、格斗，因此对武术爱好者和工作者具有重要意义。武术翻译通常趋向“信、达、雅”的标准。另外，除重视武术原意表达和民族文化特色外，还要注意跨文化交际中的传播的易懂性和得体性。

一、武术英语翻译的历史回顾

武术的翻译始于两千多年前，大概经历了萌芽阶段、成长阶段、全面发展阶段这三个阶段。早期，因为交通限制，翻译主要在亚洲进行，汉朝，中国武术已经被介绍到了日本和西域的各个国家。随着西方传教士的到来，武术的翻译逐步展开，一些国外习武者对中国武术产生了浓厚的兴趣，这个阶段属于萌芽阶段。1693 年《基本中国拳法》出现，这是武术翻译史上现存可考的第一本英文著作。这是一本在美国正式出版发行的专门介绍中国拳法的著作，它的出版标志着中国武术的英语翻译开始由单一的口译进入以口译为主，口头和书面相结合的成长阶段。从 1979 年起武术翻译进入一个新的历史高潮。这个阶段，笔译内容丰富，包含武术各个方面，翻译作品数量增长迅速，质量提高显著，内涵更加深刻。还要突出对武术文化内涵和历史的介绍，使读者可以了解中国武术和体会中国文化。武术在海外的影响，客观上是由武术翻译的兴盛带来的。

二、武术英语翻译在当前跨文化交际中的现存状态

跨文化交际是指具有不同的文化背景的人通过语言、信号、文字形式进行的思想、信息交流。目前我国现有的武术翻译注重对竞技部分和简单术语的翻译，外国读者对其原意

和其文化内涵不能深刻理解。一方面，因为中国武术理论不但建立在古代哲学基础上，而且它还融合了兵、道、儒、墨、医等流派的思想，很多哲学术语进入武术范畴中，例如：阴阳、四象、两仪、元气、五行、互根等。这类术语一般在英语中难以找到相对应词语。另一方面，中、西方存在明显的文化差异。译者如果忽略了传统文化的深刻内涵，过分地采用直译，加上武术的技术动作和喻义都会给武术英语的翻译带来较大的难度[1]。传统武术的部分动作比如八卦掌中的“猿猴登枝”等名称会让译文读者对动作产生迷惑，影响到译文效果。

三、跨文化交际中武术英语翻译的原则与策略

（一）跨文化交际中的翻译原则

1. 系统性原则

文化的系统性是指一种文化就是一个自成体系的系统。一个文化系统由物质文化、制度文化、心理文化三个层次组成。这个三个层次之间是相互联系、相互作用的关系，它们共同构成了一个完整的文化统一体。文化是由各种各样的要素组成的一个统一整体，而构成文化的各要素之间紧密联系又彼此作用。武术文化分为器物文化层、制度文化层和精神文化层。器物文化主要包括武术服装、技术体系、器材等；制度文化主要包括武术技术等级制、组织和管理体制、武术段位制等；精神文化主要包括武术的观念、思想、价值观等。武术文化与文化体系在一定程度上是相互对应的，武术也蕴含着丰富的文化，所以跨文化交际中武术翻译要遵从文化的系统性原则，这样才可以真正传播武术的内涵。

2. 民族化原则

中华武术是以中华民族文化为理论基础，以攻防技击为主要特征的中国民族文化，对运动技理有独特的思维层次的认识。传统武术的文化层面涉及天文、地理、军事、医学、哲学、生理、易学等各个领域，对于这些相关文化的理解程度会直接影响武术翻译的质量。因此，武术翻译一定要体现和保留武术蕴含的民族文化内涵和语言风格。传统武术动作名称和传统武术理论当中，随处可见蕴含有文化信息的内容，要想把他们翻译得很贴切，确实不容易。武术理论中特有的一些术语在英语中也很难找到对应词。比如，“文有太极安天下，武有八卦定乾坤”“阴阳互根”“武术”等，这部分术语具有典型的中国民族特色，无论选择直译还是意译，都无法准确再现其原文内涵。所以这部分特有的概念最好采用音译，应该译为“taiji”“bagua”“yinyang”“wushu”等。

3. 平衡性原则

平衡原则是指译者在翻译武术著作的过程中，尽力做到平衡输入语与目的语信息。对译者来说，其首要任务就是平衡信息的输入与输出，既要保证信息输入的准确与充分，又要考虑信息输出的可被接受的程度，防止过量输入或是输出不足。随着跨文化交际的不断渗入，读者的接受能力也不断提升，具备了理解一定异域文化的条件。同时，我们也必须

[1]　杜春雷．实用商务英语函电 [M]. 南京：东南大学出版社，2014.

看到民族化的翻译思路并不代表全盘中化，要清楚翻译的最终目的还是交际。平衡原则的提出，是源于武术翻译过程中民族化与国际化的讨论。事实证明，无论是从读者接受程度，还是从翻译目的来看，要使中国文化在西方文明中占有一席之地，就必须保持民族特色。武术翻译的目的是弘扬中华武术以及哲学思想，如果舍本逐末，翻译就会失去其原有的意义，造成重要信息缺失，而且，当今世界的读者也期待着异质的文化。武术的自身特点决定翻译过程存在着实际困难。武术术名不统一、术语自身的不规范的现象给跨文化交际带来了一定障碍；武术中浓厚的民族特色也在一定程度上妨碍了世界人民的理解。因此，译者也需要适当借用西方竞技用语，降低武术翻译的理解难度。比如，一些译者在翻译太极拳术语时会借用西方拳击比赛中的用语，这也不失为一种平衡方式，但译者应把握适度的原则。“平衡”是动态的概念，随着中西方文化的进一步融合，平衡标准也随之改变；随着武术文化广为人知，民族性也逐渐凸显。

（二）跨文化交际中的翻译策略

1. 基于系统性原则的归类翻译法

从系统性原则可以得知，武术文化与特定的文化体系是相互对应的，武术中也蕴含着丰富的文化，中国武术目前历史清楚、脉络有序、风格独特、自成体系。根据地域分有少林、武当、峨眉、南拳四大门派，内部又有许多支派，各支派中某一套路有其显著特色，因此武术英语翻译遵循各门派的体系和特点，应该基于系统性原则进行归类翻译。各门派的专业术语要有其系统性和一致性，以便忠实于原文。例如，《武当武术词语英语翻译》《杨家太极拳秘诀》《中医气功学翻译》等。

2. 基于民族性的音译法

尽管文化的共同性决定了某些文化能够为全人类所有，但是文化首先是民族的，其次才是人类的。实际上，就文化的产生与存在而言，文化原本都是民族的。民族是一种社会共同体，因此越是古老的社会，文化所具有的民族性就越鲜明。武术文化就是由各民族文化共同来构成的，从不同的民族的角度出发来分析武术文化，自然就具有民族性。

因为武术文化中有很大一部分是表示武术特有的事物，具有浓厚的民族文化色彩，在英语中很难找到与其相对应的词语。而在跨文化交际中，音译附带动作演示和图片影像等肢体语言，使对方可以进行直观有效的交流。比如：太极 taiji，功夫 kung fu，气功 qi gong，阴阳 yin yang 等。另外还有一部分武术术语在英语中已经有了译名，而且也已经被外国人接受，就应该按照约定俗成的原则，继续用原有的固定译名。

3. 基于平衡性的多元法

（1）直译法。文化是全人类所共同创造的，又为全人类所享有、继承，因而文化具有人类共同性。武术被誉为中国的国粹，发展至今已成为一项世界性的体育运动。武术文化基于共同性的直接翻译法在全世界范围内得到逐渐推广和普及。

直接翻译是在保留原文基本形式、形象、民族、地域特色的前提下，将原文按照文字的字面意思直接翻译出。这种翻译方法不仅需要译者准确理解原文意思，还要有较深的文学功底，有一定数量英文体育肢体术语的掌握且熟练运用，同时要注意在表达清楚意思的前提下尽可能翻译出特色来。

比如：流星锤 meteoric hammer；燕子入林 swallow flying into woods；白蛇伏草 white snake；起势 Starting Posture；白鹤亮翅 White Crane Spreads its Wings。

（2）意译法。中国武术是最富有民族文化特色的体育项目。由于中国武术蕴涵着深刻的哲理思想，具有修身养性的功效，因此，它在世界上很多国家有着广泛的影响。但是这种哲理性也要求武术文化翻译时抓住内容和喻义重要的方面，牺牲形象，结合前后比较灵活地传达原意，即采用意译法。其特点是寓意较深而且隐含于较浅白的字面下。比如：马步 horse-ride step；绝招 kill shot；生死斗 death duel；扫堂腿 ground sweeping。一般来说，有些习语的汉译英较为简单，不会发生保持习语的民族或者地方色彩的问题。因为两种语言中有些同义习惯用语无论在内容、形式还是色彩上都相符合，它们不但有相同的意思或隐义，而且有相同的极相似的形象或者比喻。因此，我们可以大胆借用英语中的同义习语来表达。又例如："花拳绣腿"这就不能从字面直接翻译出原意，而要突出原文的寓意。我们可以译成"showy but not practical martial arts，any showy but not practical skill"。这种翻译的方法要求译者通过自己的语言表达原文的隐含的意义，使读者在阅读过程中受到启迪和教育。

（3）解释性翻译法。不同的时代有着不同的文化，这是因为任何文化都是在历史发展演变的过程中产生的。也就是说，不同时代产生的自然文化、人文文化和科学文化构成人类文化的生态结构。武术文化的时代性就在于它动态地反映了武术价值观念的变化过程。然而由于时代的发展和历史的变迁，有些武术文化到今天有了新的变化，可能会让国外武术爱好者产生误解，因此采用解释性翻译。它是翻译时根据实际情况，补充一些背景、内容或者进一步解释其确切的含义，使那些不太了解中国文化的人更加准确地理解武术文化。比如：Taijiquan（太极拳）-Taiji quan is a soft，slow and light exercise which features continuous，circular and fluent.Different styles of Taiji quan stress various aspects.Baihe Liangchi（白鹤亮翅）-a white crane spreads its wings.Louxi Aobu（搂膝拗步）-brush knees and twist the steps on both sides. 可见，合理的翻译不是词句转换的"对号入座"，而是沟通思想的"搭桥人"。

本节从跨文化交际中武术英语翻译的视角入手，首先回顾武术英语翻译的历史，又了解了当前跨文化交际中的现存状态和问题，继而提出了跨文化交际中武术英语翻译的原则与策略，为推动中国传统武术文化走向世界给出了个人的一些思路和几点建议。

第四节 跨文化视域下的文学作品英语翻译

文学作品英语翻译是一种将汉语文化转化为英语文化的跨文化交际活动，在这种翻译活动中不可避免地会因中西方文化差异，影响文学作品英语翻译的质量及效果。所以在文学作品英语翻译中应当树立跨文化翻译意识，从跨文化交际视角化解语言文化差异，以意义补偿的方式化解民族文化差异。

文学翻译是文化信息在两种语言形式之间的转换，但这种语言转换并不是简单的语言表达方式转换，还涉及不同民族之间的文化差异问题，如果仅仅将文学翻译视为不同语言表达方式的转换，就会产生文化缺省、文化误译等问题，从而影响文学作品翻译的质量及效果。所以在文学作品英语翻译中，应当充分了解中西方文化差异，树立跨文化翻译意识，以恰当的翻译策略化解汉语和西方的文化差异问题。《红楼梦》是中国文学史上的巅峰之作，也是中国经典文学的代表作，本节仅以《红楼梦》为例考察文学作品英语翻译中的跨文化意识问题，探索文学作品英语翻译的有效策略及方法路径。

一、跨文化意识对文学作品英语翻译的意义

跨文化意识是指人们对与本民族文化有冲突的文化现象的态度、认识、看法以及对这种文化差异的接受、包容和适应状况。文学作品英语翻译是一种将汉语文化转化为西方文化的跨文化交际活动，在这种翻译活动中会不可避免地产生中西方文化差异问题，这就需要译者拥有鲜明的跨文化翻译意识，以恰当的方式解决文化差异问题。显然，跨文化意识是开展文学作品英语翻译的重要前提，对于提高文学作品英语翻译质量具有重要意义。

（一）跨文化意识是进行文学作品英语翻译的重要前提

语言是文化信息的载体和文化交流的工具，它不仅受到民族文化的影响和制约，同时也直接或间接地影响着民族文化的发展。通常情况下，不同的民族往往有着不同的民族心理、历史传统、宗教信仰、语言习惯等。文学作品是带有强烈民族文化色彩的艺术形式，能够很好地展现某个民族的历史传统、价值信仰、社会习俗、思维方式等。由于中西方文化在地理环境、社会制度、宗教信仰、语言习惯等方面差别较大，所以中西方文学作品在文化背景上往往有着较大差异，没有汉语文化背景的西方读者往往很难读懂《西游记》《围城》《红楼梦》等中国经典文学作品。文学翻译是将某种语言文化信息转化为另一种语言文化信息的跨文化交际活动，在跨文化翻译中不可避免地会出现文化差异问题，如果译者缺乏跨文化翻译意识，在翻译过程中就可能会产生文化误读现象。学者李红梅曾将文学作品中文化误译的原因总结为：文化差异所带来的词汇及语义缺省、源语和目的语的文化模式差异较大、对源语文化产生了文化误解等几种形式，并指出了文化误译所带来的种种文

学翻译问题。所以，在文学作品英语翻译中译者应当树立跨文化翻译意识，充分考虑文学作品中的中西方文化差异问题，采用合适的翻译策略进行跨文化翻译，以更好地提高文学作品英语翻译的质量。

（二）跨文化意识是提高文学作品英语翻译质量的保证

在社会交际活动中人们往往以自己的经验知识、思维方式、价值观念等进行信息交流和情感沟通，双方往往会有意或无意识地省略某些不言自明的或双方都认同的文化信息，以提高信息交流和思想沟通的效率。同样，在文学创作中作者往往会省略一些读者非常熟悉的社会常识和文化信息，如果作者省略的内容与特定的故事场景有关，那么这种省略就是“情境缺省”；如果作者省略的内容与文学作品的语篇信息有关，那么这种省略就是“语篇缺省”；如果作者省略的内容与本民族的价值观念、宗教信仰、社会习俗等文化背景有关，那么这种省略就是“文化缺省”。其中，文化缺省是文学翻译中非常普遍的文化现象，也是文学作品翻译中不得不重视的翻译问题。如果译者缺少必要的中西方文化背景和丰富的生活经验，就无法很好地化解文学翻译中的文化缺省问题。所以，译者应当拥有较强的跨文化翻译意识，才能准确把握文学作品中的背景知识缺失、文化意蕴不同等问题，并采用恰当的翻译策略弥补这种文化缺省问题。唯有如此，才能更好地提高文学作品英语翻译的质量及效果。

二、文学作品英语翻译中文化差异的表现形式

文学与政治、法律、宗教等一样，都是社会意识形态，所以文学作品往往与国家或民族的历史传统、社会习俗、宗教信仰等有着密切联系。同时，由于中国与西方国家在历史传统、社会制度、意识形态、语言表达习惯等方面存在较大差异，在文学作品英语翻译中会不可避免地产生文化差异、文化缺省等问题，这种文化差异多表现在社会习俗、价值观念、宗教信仰等方面。

（一）社会习俗及价值观念差异

中国和西方国家在社会习俗、价值观念、思维方式等方面存在较大差异，这些直接影响着中国文学作品的英语翻译。首先，中西方在时令节气、传统节日等方面存在较大差异。中国人的春节、清明节等传统节日往往带有浓重的民俗气息和生活色彩，而西方人的圣诞节、万圣节等往往带有浓重的宗教色彩[1]。此外，中西方在价值观念上有着较大差异，中国人认为是美好的事物，可在西方人眼中则有完全相反的意义。比如，在西方文化中“dragon”（龙）是贪婪、自私、邪恶、残暴的怪兽，然而在中国传统文化中“龙”却是无所不能的、庇佑人类的神兽，也是威严、地位和权利的象征，从人中龙凤、鱼跃龙门、攀龙附凤、飞龙在天等成语中就可以看出中国人对龙的尊敬和崇拜。再如，中国人视梅兰竹菊为品行高

[1]　章振邦 . 新编英语语法教程 [M]. 上海：上海外语教育出版社，1998.

洁的象征，而西方人则认为梅兰竹菊没有这些象征意义。这种社会习俗和价值观念的差异深刻影响着文学作品的英语翻译，如果译者缺乏跨文化意识，往往很难恰当地翻译出文学作品所表达的文化意蕴。

（二）语言表达及思维方式差异

中西方文化在语言表达方式上往往有着较大差异。汉语的句式较为紧凑，多用具象名词进行表达，多通过词汇关系表达语法关系；英语的句子较长，结构也较为松散，多以严谨的逻辑关系和抽象词汇进行表达。汉语和英语的这种表达方式差异直接影响着文学作品英语翻译。杨绛所译《红楼梦》就将“等满了孝，再圆房儿”译为“Once the mourning is over she can live with her husband”，这种委婉含蓄的翻译方式恰当地表达了“圆房”的文化意蕴。此外，汉语文化和西方文化在思维方式上也有较大差异。汉语文化更多地体现了整体性、感性、主观性的思维方式，西方文化更多地体现了个体性、理性、客观性的思维方式，这种思维方式差异也深刻影响着文学作品英语翻译。汉字多为符号组成的象形文字，英文多为字母和字母组合而成的字母文字，这种造字方式上的差异直接影响了汉语和英语的语言表达方式。汉语多依靠文字意义组织语言，而英语则依靠逻辑关系组织语言，这种语言表达方式的差异给文学作品英语翻译带来许多障碍。比如，《红楼梦》中的“李嬷嬷怎不见……想有事才去了”，在翻译中就要加上被省略的主语，加上关联词“but”“and”，这样才显得结构严谨、逻辑关系合理。

三、跨文化视域下文学作品英语翻译的方法策略

在不同民族文化和社会环境中成长的人往往有着不同的文化背景，对本民族成员而言，这些社会文化和生活常识往往是约定俗成、不言自明的；但是对其他民族成员而言，这些社会文化和生活常识则往往是陌生的、不知所云的。所以，从跨文化交际的视角看待文学作品英语翻译问题，用恰当的翻译策略解决作品中的中西方文化差异问题，才能更好地提高文学作品翻译的质量及效果。

（一）以形式补偿化解语言文化差异

中西方文化差异首先表现为语言表达方式、用词习惯等方面的差异，这种语言文化差异往往会影响译文读者的阅读体验。所以，可以通过对仗、押韵、词缀等方式进行文化补偿，以更好地解决文学作品英语翻译中的文化缺省问题。比如，《红楼梦》中有许多诗歌、辞赋、谚语等，这些文学体裁多采用对仗、押韵、重复等语言表达方式，翻译为英语时就应当采用相应的文学表达方式，以更好地表达作品所承载的文学意蕴。

首先，可以用头韵法、韵脚法等方式解决汉语和英语的语言文化差异问题。在中国文学作品中诗歌多是偶句押韵，并且常常是一韵到底，然而英语文学作品中的诗歌押韵方式却非常灵活，经常出现交错押韵、变换韵脚、隔行押韵等表达方式。在文学作品英语翻译时，应当采用转化押韵的方式进行文化补偿，以更好地解决汉语和英语的表达方式差异。

比如,《红楼梦》中的诗歌“欲讯秋情众莫知……解语何妨片语时”，就可以用“i”为韵脚、一韵到底的方式对汉语诗歌的押韵进行补偿。此外，可以用词缀法、句型法等方式解决汉语和英语的语言文化差异问题。在文学作品英语翻译中，经常会出现对仗、反复、叠音等修辞手法，这时可以通过给英语单词添加后缀或前缀的方式进行翻译补偿。比如，“情中情因情感妹妹,错里错以错劝哥哥”采用了非常鲜明的对仗。为了准确表达这种语言结构，可以用加后缀（Wordless、groundless）的方式对诗句中的对仗表达方式进行翻译补偿。再如，为了使英文翻译更加符合原文的对仗结构，可以将“情切切良宵花解语，意绵绵静日玉生香”中的“良宵”“静日”译为“One Quiet Day”。

（二）以意义补偿化解民族文化差异

汉语文化和西方文化在社会制度、社会习俗、宗教信仰、意识形态等方面都有着较大差异，所以，在文学作品英语翻译中会不可避免地产生文化差异问题，这时就需要通过增译法、替代法、解释法等方式进行必要的意义补偿，以提高文学作品英语翻译的效果。

第一，增译法。当文学作品所蕴含的文化信息无法直接翻译出来时，译者应当通过增译法补充或还原作品的文化背景，使译文读者能够清晰理解译文的思想内容。比如,《红楼梦》中“鸳鸯”不仅是一种小鸟，更是爱情的象征，这时候就需要用增译法进行翻译，将“鸳鸯”译为“love-birds”。再如,《红楼梦》中“药经灵兔捣，人向广寒宫”就是以神话故事“嫦娥奔月”为文化背景的，但是对中国传统文化不熟悉的西方读者往往不知道嫦娥奔月的故事，这时就需要对译文进行必要的注解，添加“in an ancient legend……becoming the goddess of moon”的英文解释，这样才能使译文读者准确把握诗句的文化意蕴。《红楼梦》中经常出现“五台山”一词，这里的五台山并不是普通的山，还隐含了在五台山成仙成佛的意思，如果将“五台山”简单地翻译为“Mount Wutai”，显然不能准确表达原文的文化意蕴，这时可以在译文中添加注释“carry you as an immortal on his head to Mount Wutai”，这样就能很好地表达原文的宗教文化意蕴。

第二，替换法。虽然汉语文化和西方文化是两种不同的文化系统，但是它们在许多方面是相似的、共通的，可以在两种文化中找到相似的文化意象。所以，我们可以用文化意象替换的方式进行文学作品翻译，以更好地解决中西方文化差异问题。比如,《红楼梦》中经常出现“骨牌”一词,它与西方文化中的骨牌在意义上非常接近,所以就可以将“骨牌”译为“domino”。再如,《红楼梦》中有“飞燕泣残红”，这里“飞燕”指的是中国历史上能歌善舞的皇后赵飞燕，但是许多西方读者都不知道赵飞燕的历史典故，所以在翻译时可以将“飞燕”翻译成“Daiyu”，这样就可以较好地表达出这一词汇的文化意蕴。在诗句“秦鲸卿夭逝黄泉路”中出现的词汇“黄泉”，西方读者由于不了解中国的婚丧文化、宗教文化等，不理解黄泉的文化意蕴，这时就可以将之译为“dying”。《红楼梦》中有一个丫鬟“紫鹃”，紫鹃不仅是鸟儿的名字，也隐含了杜鹃啼血的意义，西方文化中紫鹃（Purple Cuckoo）带有愚笨、疯子等象征意义，这种情况下就应当将紫鹃翻译为 Ningtingale”。

文学作品往往与民族语言、民族文化有着密切联系，并带有鲜明的民族文化烙印。翻译家奈达明确提出，成功的文学翻译不仅要熟练掌握文学翻译技巧，还应当熟悉两种文化的文化差异、文化背景等。所以，在文学作品英语翻译中应当树立跨文化意识，高度重视文学作品英语翻译中的文化缺省、文化差异等跨文化问题，采用恰当的策略进行文学翻译，以更好地提高文学作品英语翻译的质量。

第五节　跨文化视域下的英语谚语翻译

谚语是民间流传的简练而固定的语句，常常是用简单通俗的话反映深刻的道理。其特点在于民间流传和含有明晰的哲理性，且都具有一定的教育意义和普遍的认同性，既可以是历史经验的总结、道德规范的倡导，也可以是前车之鉴。英语和汉语中有的谚语在形式和意义上是对应的，在翻译时可用对等的汉语谚语去翻译。

谚语（Proverb）是群众中广泛流传的现成语句。谚语是人类生活体验的累积，凡是文化发展到一定阶段的人类社会，在其日常生活中，均会使用这种特殊语言。这种特殊语言，充分地反映着人类社会的关照、感受、知识、经验、特性。多数是人民群众长期生活和斗争经验的科学总结。翻译工作者除掌握两种语言外，还应具有政治文化、行为文化、道德和美学文化及经济文化等知识语言中渗透着的社会意识和文化传统。因此，如不了解外国的文化传统，也就不了解外国的语言文化。因此，在一种语言文化中不加解释就能理解的事物，特别是在语际转换之时，若另一种语言不加以说明，就容易产生可译却不可理解的问题，而这就产生了翻译结果之可译性和可理解性的不完全相等。

一、英语谚语翻译的意蕴与特征分析

谚语虽是一句句简短的话，但是其中包含了广大劳动人民的智慧，只有准确理解其意思才能进行翻译。因此，理解是翻译的前提。同时，不完美的表达也将成为谚语翻译的败笔。谚语的翻译不仅要保持原文的意思和风格，还要符合译文的语言习惯，更要简练。因此，在准确表达了原文的意思之后，还要仔细斟酌，进行适当的修饰，以达到通顺、优美、得体。俗言、谚语，是普遍流传的话，为多数人所了解、惯用的，在语言生活当中是最受众人欢迎的。因为义理深刻，语词简明，雅俗共赏，尤有助于谈话的兴趣，每一句俗话、谚语，都会博得大众的认同。谚语是人类于各时期所累积下来的实际观察以及日常经验的成果，为了便于保存和传达，乃自然地以一种具有意识、简短、均衡、和谐、机灵诸特征性的便于记忆的语言表达出来，以作为人类推理、交往以及行动时候的一种标准。

有时，英语谚语在汉语中无法找到对等的谚语表达法，采用直译法又不能表达其真正的含义，就只能根据英语谚语的主要意思进行翻译，这时，原语中的词性、词义、结构等概念性因素难免需要做些调整和引申。这里的意译转换法即指这样的情况。当然，前面对等翻译法在某种意义上说，也是意译转换翻译方法的一种。不同的是对等翻译法强调了谚语形式和表达效果的对等，而意译转换法侧重谚语本身含义的转换和引申。

二、跨文化语境下英语谚语翻译的策略

（一）对等套用翻译法

谚语是集人类实际经验之结果，发展为美丽俏皮的简要言词，于日常谈话中可以公然使用，借以增加发言者论点的理由或效力，而规定凡人的行为，或事件之当否的人人口头上常说的一种短语。促使不同语言可译的一个重要前提是，因为语言本身是开放的，它就像一个巨大的海绵体，随时吸收新的信息和新的文化交流，同时，也让它在不同民族里逐渐地进行文化融合，产生其语言的影响力。

比如，A friend in need is a friend indeed.“患难见真情”。Birds of a feather flock together.“物以类聚，人以群分”。Blood is thicker than water.“血浓于水”。Never too old to learn，never too late to turn.“亡羊补牢，为时未晚”。Good for good is natural，good for evil is manly.“以德报德是常理，以德报怨大丈夫”。He laughs best who laughs last.“谁笑到最后，谁笑得最好”。Like father，like son.“有其父必有其子”等等[1]。因此，人们常说，谚语是一个民族人民智慧的结晶。不同民族的谚语既具有一定的共识性，又具有不同程度的差异性。这也是人们在翻译谚语时常常感到困难重重的根本原因之所在。

随着科技的进步、信息的快速发展及文化的融合，现在界定不可译的字词，说不定将来可以求得翻译的方式。换句话说，现在被确立的字词义理，将来也许会被另一种新的翻译方法取代。而可译性和不可译性即是处在这样不稳定的关系里慢慢发展，随着翻译理论不断推陈出新及译者的翻译实务经验增多，可译和不可译已经不像从前那么不可调和，双方已经逐渐朝互相融合的新阶段迈进。一个语言的事物若能在另一种语言中找到对应物，即可称之为可译性，但是可译性并不代表译入语读者能够完全了解原文所要传达的信息，也就是说可译性不等于可理解性。

（二）直译完善法

人类思维的基本活动及一般特征是一样的。即使是不同民族，也会有相同或类似的生活经验、身体构造、生理需要……。所以不同语言和文化的民族在思维逻辑上会产生许多共通点，使得各种语言也都具有可理解性，成了不同民族之间语言的交流和翻译的基础。主张语言和语言之间可译的人就是支持这样的论点，任一民族既然可使用该语言表达该民族的既有的事物，同样的，对于其他民族新的事物也能够用该族的语言去表达，而且这样交流的过程也显现了语言和语言之间的可译性。

[1] 冯志伟 . 应用语言学综论 [M]. 广州：广东教育出版社，1999.

谚语是通俗的、普遍的社会及民族文化的结晶。所谓通俗，是指语言表达的大众化，它包括两个方面的意义：一是用语通俗，一听就懂；二是意义通俗，深入浅出。每一句谚语都是根据前人的智慧与经验累积而成的，所以我们叙述说理用谚语来取代举例，有时反而更具说服的力量，举例无法用三言两语说完，而且还要求得到大众对事理的普遍认同。如果讲出谚语，它本身就已经是一个得到人们肯定的真理，因此一说出来，大家也就心服口服了。比如，A good beginning is half done. 译成“良好的开端是成功的一半”。A good medicine tastes bitter. 译成“良药苦口利于病”。既体现了词义的补充和简约，也体现了英汉谚语形式的补充和简约。

（三）意译转换法

关于不可译的问题的讨论，往往从绝对的对等，而不是从相对的对等着眼。如果有人坚持认为翻译决不允许发生任何信息流失的情况，那么很明显不仅翻译不可能，一切交流都是不可能的。没有一种交流（不论是同语的语际或同符号的）能在进行中不发生一些信息的流失。即使在专家间讨论一个属于他们本身专业领域的题目，他们彼此之间的理解恐怕也不会超过 80%。

有时，英语谚语在汉语中无法找到对等的谚语表达法，采用直译法又不能表达其真正的含义，就只能根据英语谚语的主要意思进行翻译。这时，原语中的词性、词义、结构等概念性因素难免需要做些调整和引申，这里的意译转换法即指这样的情况。当然，前面对等翻译法在某种意义上说，也是意译转换翻译方法的一种。不同的是，对等翻译法强调了谚语形式和表达效果的对等，而意译转换法侧重谚语本身含义的转换和引申。此外，既然是转换和引申，就包括了词性、词义、结构以及风俗习惯等多方位的变换。比如，英语谚语 A stitch in time Saves nine. 如译成“小洞不补，大洞吃苦”，则为意译转换；若译成“及时一针省九针”，就成为直译完善法了。

总之，许多译者在翻译英语谚语时，喜欢找那些意思与之相似或相近的汉语成语来作其译文，这种做法当然无可非议，但有时由于中国和西方有着各自不同的文化背景和语言内涵，所以其成语和其谚语的意思并非一模一样、毫无差异。所以在这种情况下，还是给出更加恰当准确的译文为好。

第六节　跨文化视域下的法律英语翻译

语言是文化的沉淀，研究语言翻译离不开研究两种文化的异同。从跨文化视角研究法律翻译，应从法律语言的专门性、法律体系的不同性及法律文化底蕴的影响三个方面入手，深入分析其对法律翻译的影响。

在全球化背景下，我国大量借鉴和吸收国外的精粹，其中当然不乏法学精粹。可以说，我国法学的日益繁盛离不开法律英语翻译这座桥梁，它连接着中外法律文化。但是自古以来，法律都是精英社会的专利，故法律语言历来生涩难懂。如果翻译者对中外法律体系差别的认知匮乏及法律文化底蕴不足，都将无法完成好的法律英语翻译。故从跨文化视角研究法律英语的翻译，不仅丰富了法律英语翻译的研究，更有助于我国法学的繁荣。

一、法律语言的专门性

（一）词语的专门含义

一些普通词语在法律语言中有其专门含义，与其普通的字面含义相去甚远。当人们按照普通含义去理解时，容易导致理解和翻译的差错，甚至根本无法理解。例如 Baby Act，如果按照普通含义来理解，Baby Act 可能会被理解为“婴儿法”，这样将使读者无法正确理解此法。其实，此处的 baby 等同于 minor，即“未成年人”，故 Baby Act 应该理解为“规定未成年人不承担某些责任的法律”。再如 judgment by default，从字面意思看，也许会将其理解成不履行判决或不到场判决，让读者不知何意。根据 Lexis Nexis 英汉法律词典的解释，default judgment 的含义是因被告人没有送交拟抗辩通知，即送达认收书，或没有提交抗辩，因而做出的未经审讯判决（judgment without trial where a defendant has failed to file a notice of intention to defend，namely an acknowledgment of service，or has failed to file a defence），也就是缺席判决。

同样，在汉英法律英语翻译的过程中，也要注意法律语言的专门性及其严谨性，不可用多个不同的英语法律单词来表述同一法律概念。例如，“原告”在北京外国语大学英语系编写组编的《汉英词典》及其修订版缩印本中有两个译名：plaintiff 和 prosecutor。根据 Oxford Dictionary of Law 的解释，prosecutor 的含义是 The person who institutes criminal proceedings on behalf of the Crown，也就是检控官，应译为“公诉人”。公诉人在诉讼中居于原告地位，但因还担负法律监督任务，不是一般原告，“原告”则可译为 plaintiff。

（二）专门词语

正因为法律自古以来都是精英社会的专利，为了体现其精英性，西方法学大量使用拉丁语及法语等。在 13、14 世纪的欧洲国家，拉丁语处于垄断地位，之后拉丁语依然作为法律的书面语言被使用着。而法语曾作为上流社会的专用语言，也处于语言的优势地位。且罗马法及后来的法国法律对整个世界法学的繁荣兴旺可谓功不可没，因此对学习法律的人来说，学拉丁文和法语就显得很有必要了。且拉丁语言简意赅，更符合法律语言的特点，如 obiter dictum 为法官判决时所做的非决定性的附带意见（不具有约束力）。Nobody is bound to incriminate himself。而 chose in possession 为可实际占有的物，其中 chose 是法语，意为“物”。

二、法律体系的不同性

当代西方社会存在着两大法系，即大陆法系与英美法系，这两大法系在法律制度上存在着很大的差异。自 20 世纪 80 年代以来，随着世界法律移植的潮流，中国在制定涉外法、民事诉讼法等方面也适当移植了国外有关商品经济发展的成熟法律，吸收了这两大法系的特点后形成了中国自己的体系特征。法系的不同必然导致相同的语言符号可能表达着不同的概念，或者某概念在另一法系中的缺失，但也会存在一些法系的共性。因此，翻译者在翻译过程中要认识到这点文化差异，进行比较分析，找到其“功能对应物”[1]。

不同法系中，相同语言符号可能表达着不同的概念。如“监狱”一词，在我国的普通词典中能找到 jail 和 prison，但对两个词语却未加区分。根据《元照英美法词典》的解释，jail 为一种介于警察局拘留所（police station lockup）与监狱（prison）之间的监禁机构，关押等待审判的未决犯和轻罪犯，但是该词典还是将其译为“监狱、看守所”，其实 jail 相当于我国的看守所，应只译为“看守所”即可。而 prison 是由联邦或州政府设立的关押已判决重罪犯的改造场所，相当于我国的监狱。这也是为何于 2006 年风靡国内的《越狱》英文名为 Prison Break。

三、法律文化底蕴的影响

诚如奈达先生指出的：“To be bilingual，one has to be bicultural.”法律英语翻译不只是两种语言的对应翻译，它更要求从事法律翻译的人士熟悉有关法律知识。如果缺少相应的法律文化底蕴尤其是对一些法制史方面的知识，稍有不慎则会谬以千里，抑或是由于具备的法律文化底蕴不足，造成译文不符合法律文本的要求。如 double jeopardy 常被误译为“双重处罚”或“双重危险”。根据 Lexisnexis 英汉法律词典的解释，double jeopardy 的意思是“使被告处于就相同的行为在超逾一次的情况下被判定有罪的严重危险”（Placing an accused person in peril of being convicted of the same crime in respect of the same conduct on more than one occasion），也就是指嫌疑人不会因为同一案件、同一罪名被两次审理和两次定罪。也就是英美法系中著名的“一事不再理”原则，可上溯至古罗马时期，由“一案不二讼”发展而来。美国宪法第 5 条修正案具体规定了这一原则。如果不了解该历史，就很难明白其中的缘由，自然很难翻译到位。

总之，语言是文化的沉淀。在法律翻译时必然要顾及两种文化尤其是法律文化的异同，并勤于积累有关法律文化内容，以法人思维译出法律语言，为我国的法学繁荣尽一份绵薄之力。

[1] 夏中华等 . 应用语言学—范畴与现况 [M]. 上海：学林出版社，2012.

第七节 跨文化视域下的公示语翻译

随着社会的发展，公示语扮演着越来越重要的作用，公示语翻译质量反映出一个社会的先进程度和文化素质。中西方的文化差异导致公示语翻译错误频出，因此，在跨文化背景下探究公示语的翻译策略将对规范我国城市公示语翻译、提高城市文明程度和国际化水平起到推动作用。

一、跨文化交际与公示语翻译

众所周知，语言具有社会性，是人类的交际工具，它与文化密不可分。同时，语言是文化的重要载体，与文化相互依赖，它既受文化的影响也反映文化。文化对语言有一定的制约作用，体现在语言中。这二者相互影响，语言既传递文化，也表现文化，没有语言，文化很难传播出去；文化通过语言来表达，如果语言失去文化含义，就不具备人类交际活动的意义。由此看出，语言和文化二者的关系在于，语言所传递的是一个国家或民族的传统、思想、习俗、情感等方面的因素。

二、公示语翻译存在的问题

（一）忽略词汇文化内涵

不同民族存在很多方面的差异，像民俗、地理、及价值观念等，在表达相同概念词时，在各自不同的文化背景下就会产生独特的含义，因此，在翻译时一定要考虑读者的文化心理。例如，西方人对“龙”的理解与中国人完全不同。“龙”在中国古代，是皇帝的代名词，而我们现代人把有才华有成就的人称作“龙”，“龙凤呈祥”一词代表喜庆和吉祥如意；而在西方，人们把“dragon”看作恶魔，它残暴好战，是邪恶和暴力的象征，所以西方人完全不理解中国人对龙的崇拜。像这类概念相同的词汇，在文化方面理解完全不同，在跨文化交际中引起误解是不可避免的。然而随着中外交流的增多，越来越多的西方人了解到，在中国，龙被看作吉祥物，所以“龙凤呈祥”中的“龙”，最好翻译为“Chinese dragon”。

（二）滥用中式英语

英文公示语的主要功能是为西方友人提供比较准确的本国信息，所以翻译时，应保证翻译出来的文字能被读者所理解，而不能只是为了对应中文，逐字逐句按照中文的语言文字顺序来翻译。中式英语翻译指的是带有中国特色，使用汉语表达习惯的翻译，并不符合公示语文体特征。比如，一张成都旅游地图，英文标题翻译为“Chengdu Travel The Map”，这并不符合英语表达习惯，应翻译为“Tourist Guidance Map of Chengdu”，更容易理解。在某景区，“宾客止步”译文为“Tourists stop the step”，着实让人忍俊不禁，这样的翻译会令西方友人难以理解。某景区的警示牌写着“当心落水”，而对应的英文是“take care to fall into water”，完全是按照汉语思维方式进行翻译，可是意思就变成了“请小心的落水”，这就是典型的滥用中式英语现象。这样的中式英语，不能准确地表达出公示语的含义，而且西方友人还会质疑国人的文明程度和素养。

（三）无视礼貌原则

礼貌是一种语用现象，我国的一些翻译研究学者提出了“礼貌原则”，在社会交际中，译者应考虑“面子”，人在社会活动中的言行举止受到面子的约束。例如，英语中有许多对应汉语中“残疾人”的词汇，但有些词语，比如 deaf and mute（聋哑人），disabled/crippled（有障碍的人），dumb（哑巴），handicapped（有缺陷的人），retarded（白痴），等等，都带有歧视之意，被视为不雅，不适合用来称呼残疾人。在翻译“残疾人厕所”公共设施时，为了表达出对特殊群体的礼貌和尊重，可以采用 Accessible Toilet 这样的礼貌又委婉的说法。

（四）忽略受众文化心理

在英语国家中，找不到任何具有中国特色的公示语的痕迹。但在中国，很多公园的入园须知里的一些警示语针对的是不文明现象，为了约束公众的行为，像“禁止在公园内随地大小便”等，中国人早已司空见惯，而西方人民就会觉得匪夷所思，还会觉得带有侮辱性。在他们看来，这是人基本的文明素养，完全不必要提示，因此会误解，甚至歧视国人[1]。如把第一句翻译为“Do not piss and shit everywhere.”虽然表达正确，但是这种译法，极不礼貌，完全没有考虑西方人民的文化心理，有损于城市的形象。遇到这种情况，应首先考虑的是是否需要翻译，而不应该是怎么翻译，笔者建议此处采取零翻译策略。

三、公示语的翻译策略

（一）增强文化输出意识

著名翻译理论家奈达指出：“就汉语和英语而言，也许在语言学中最重要的一个区别就是意合与形合的对比”[2]。事实上，这些差异本质上就是两种民族思维方式的差别。王岳川认为，“文化输出不以经济强大为前提，而是包含了更多文化主体的主观能动意识”[3]。翻译在满足受众的需求时，更有必要主动地输出文化。译者在公示语翻译过程中，应该确保有目的文化元素的主动输出，例如将“汤圆”“元宵”等具有中华民族特色的饮食直接译为汉语拼音的“tangyuan”和“yuanxiao”，这样，不仅可以让西方游客熟悉中国美食，也

[1] 皮特•科德．上海外国语学院外国语言文字研究所译．应用语言学导论 [M]. 上海：上海教育出版社，1983.

[2] 郑梦楠．信息技术与英语阅读教学整合的实验研究 [D]. 天津：天津师范大学，2013.

[3] 王建丽．英语阅读教学现状调查研究 [D]. 济南：山东师范大学，2014.

更方便其在中国的出行，从中体会到独特的中国文化。文化输出的另一范例就是中国国家形象宣传片在纽约时代广场上展播。在这部宣传片中，我们可以听到标准的英语，也能看到富有中国文化特点的红色背景，虽然很多人对红色背景的应用持怀疑态度，但不可否认的是，通过这种方式让西方人对中国的文化和对“红色”的认知有了更加深入的了解。

（二）符合审美习惯

经过漫长的人类发展，世界各国人民形成了不同的审美心理，这势必在翻译中会造成中西方的理解差异。想要正确地翻译公示语，让西方人理解并接受，就要充分考虑到中西方的文化差异和审美习惯。公示语翻译应该利用目的语的语言特点灵活翻译，可以根据原文进行一些变通。例如，英语中的通俗易懂的谚语短句，是翻译时的极好素材，有利于进行创新性翻译。

（三）侧重文明性

侧重文明性，传承文化，在翻译时要深入了解西方的文化背景和特点。因此，在制定汉语公示语的过程中，应寻求大量的外语翻译工作者的建议并听取其合理的意见，这样可以有效地减少那些违背“文明性”原则的公示语翻译的产生。特别是那些像上面提到的“禁止在公园内随地大小便”等警示语，既不利于城市形象，同时又让外国朋友觉得滑稽可笑，在很多场合完全可以不翻译。而针对那些富有我国文化特色但在目的语中没有对应表达的公示语，就可以考虑中西方交流差异，注重文明性，从而进行准确而灵活的翻译。

（四）把握一致性

为了实现公示语翻译的“一致性”需要多方的协调。首先，译者要具备对翻译的敏感性，多学习翻译规则和相关翻译理论，翻译时注意术语的一致性；其次，要研制一些国家标准，相关翻译企业和机构在公示语翻译时应达成统一，尽可能地降低因相关各方未协调一致，产生让人哭笑不得的错误的翻译。比如在苏州景区，“留园”出现几种不同译法，在一定程度上也是相关翻译部门没有积极地管理造成的。此外，译者应注意特定语汇的差异性，使用国际通例、惯用的对等语汇进行汉英翻译，避免使用生僻语汇可能造成的不便和误解。例如，不同国家对于“卫生间”等公共设施的英文词，有不同的表达，翻译时要根据具体情况使用一种规则译法，尽量避免因多种不同表达而造成不必要的误解。

正如何自然所指出的，“要了解一个时代、一个社会、一个国家或一个城市的风貌，往往从这个时代、社会、国家或城市的语用水平中获得初步的印象”。英语目前是全球通用语言，也是我国的第一大外语，公示语翻译错误会影响我们对外传播文化。正确的公示语翻译能更好地展示我国的国际形象，错误的公示语的翻译会给中国形象抹黑，也破坏了我国的国家形象和国际地位。翻译不仅仅是语言的变化，也是一种跨文化交流。因此，公示语翻译时应充分考虑中西方文化差异，使用不同的翻译策略，从而使公示语翻译更符合西方的语言表达，努力促进中西方的跨文化交流。

第六章 跨文化英语翻译的教学

第一节 跨文化翻译教学中本土化身份重构必要性

语言是文化的载体，跨文化交际要求实现文化的双向平等交流。在跨文化翻译教学中重视本土化身份的重构是十分必要的，即本土文化身份重构符合文化全球化的时代背景，可以培养翻译人才的民族感情，提高翻译人才的人文素质和思想道德修养，促进其理解和传播本土文化，提高其跨文化交际能力。

由于历史、文化、政治、经济等多种原因，英语已成为适应新形势需要的国际通用语言。越来越多的人在用非母语英语作为自己进行文学创作的语言，以同一种语言形式表达各自民族个性，负载各自的本土文化。由此可见，英语并非和某一特定的文化，甚至某一特定区域的文化相对应。因此，在我们把英语作为国际语言进行教学的今天，将跨文化教学等同于英美文化的导入未免有失偏颇。在翻译教学中忽视本土文化的导入必将导致我们培养出的翻译人才出现“本土文化失语症”现象，即翻译人才可以说一口流利的英语，但是对本民族的本土文化却无法用英语表达出来。这种现象对于塑造新一代翻译人才的人生观、价值观，增强翻译人才的自我认同感，提高我国的国际地位都是不利的。因此，在跨文化翻译教学过程中进行本土化身份的重构是十分必要的。

一、符合文化全球化的时代背景

有目共睹，世界正变得越来越小，以至于有人提出“地球村”的概念。经济、科技等方面的国际化趋势愈演愈烈，有人预言，世界经济发展到21世纪上半叶将逐步实现全球化。这意味着生产要素将跨越民族和国家的界限，在全球范围内实现优化配置。事实上，科学技术已进入了一个系统、综合、集成的时代。不仅如此，人类学家也注意到，当前国家与国家、民族与民族、宗教与宗教等之间的相互接触越来越频繁，使原来分立的人文世界逐步向一个“地球村”转变。他们把这种世界一体化的现象称为“全球化”。

在经济全球化的时代背景下，各个民族在共享全球文化硕果的同时，也都必然保持着本民族文化的独立性。尤其是随着我国综合国力的不断增强、国际地位的不断提高，吸引了大批外国人来到中国，了解和传播中国文化，出现了全球“汉语热”的现象。这就需要一大批了解我国本土文化的翻译人才充当联系的桥梁，向世界传播我们的民族文化。

二、培养翻译人才的民族感情

我们的本土文化历史悠久，博大精深。从中华民族存在至今，我们的本土文化自始至终是维系中华民族的精神命脉，也是世界文化体系的重要组成部分。在当今世界西方文化占据主导地位的形势下，继承和弘扬本土文化传统，是有效抵御外来文化侵略的重要手段，在促进本民族进步和发展的过程中起着至关重要的作用。然而，目前在我们培养出的许多翻译人才当中存在“崇洋媚外”、完全否定本土文化的现象。这对中华子孙的延续和发展是极其危险的。因此，我们在翻译教学过程中，必须强调“文化自觉”，提升民族意识，培育民族精神，对本土文化中的优秀部分应结合现实需要加以提升和吸收；同时，翻译教学中的本土文化身份重构不仅可以传授文化知识，而且还能通过历史事实激发学生的民族自豪感，激发爱国热情，培养爱国主义精神，树立民族的自尊心和责任感。

三、提高翻译人才的人文素质和思想道德修养

大多数翻译人才的母语教育都是在小学至高中阶段比较系统地进行的，期间不断地得到老师的指导，也受到本土文化的熏染。但是，他们的本土文化系统是在无意识的状态下，通过学习和生活耳濡目染，杂乱、零碎、无系统。到了大学阶段，翻译专业的学生将主要精力都投入英语学习上，浓浓的西方文化逐渐淡化了其本土文化和知识。因此，学生们普遍缺少本土文化基础，缺乏本土文化素质，结果造成我们培养出的翻译人才整体素质下降，道德意识淡化，缺乏礼的观念与行为，抛弃信赖和诚信。思想道德素质是衡量一个人素质高低的重要标准，没有较高的思想道德素质，即使这个人再有能力和才华，他也是不合格的。

因此，我们在翻译教学过程中，必须增设本土文化课程，让学生学习本土文化知识，阅读相关本土文化的书籍，全面系统地了解和掌握本土文化，取其精华，去其糟粕，让学生对本土文化有所了解甚至精通，从而培养学生对祖国的热爱之情，激发学生对人类社会发展进步的责任感和使命感，提高学生的整体人文素养和思想道德修养。

四、促进翻译人才理解和传播本土文化

中国是一个有着五千年历史的文明古国，祖先给我们留下了大量博大精深、光辉灿烂的文化遗产。我们的文化遗产不仅滋养了一代代的中华儿女，而且它也正在被世界上更多的文化所认同和接受。在文化全球化的时代背景下，我们需要更多的能向西方弘扬本土文化的翻译人才。发展和传播本土文化已经成为我国的当务之急，然而，我们培养的翻译人才无法用英语表达本国风俗文化。在跨文化交际中，英语只是一种双方思想和文化的交流

工具。若只是一味地吸收外来文化，而不能将本民族的优秀文化传播出去，这种交流就是不平等的。长此以往，对国家和本民族的发展和进步也是不利的，中华民族要想屹立于世界民族之林，就应该让世界了解和尊重中国的本土文化。

翻译人才作为一个特殊群体，他们既是西方国家“文化渗透”的对象，同时又是我国本土文化对外传播的承担者。因此，翻译人才应在英语学习中加强本土文化的积淀，承担起传播本土文化的任务，达到能用英语熟练准确地表达本土文化的程度，向世界弘扬优秀的本土文化，以利于人类的良性发展与和谐世界的创造。

五、促进中西文化共同发展的需要

语言与文化关系密切，语言是文化的载体。正因如此，作为一种跨文化交流媒介，翻译的过程不仅仅是语言符号间的编码转换，更重要的是异域文化与本土文化间的交流与对话，是源语文化与目的语文化的沟通。翻译承载着两种语言文化的特质。文化本身并没有高低优劣之分，每一种文化都对应着一定的社会历史条件，发挥着独特的作用。中西方文化根植于不同的民族土壤，都处于动态的发展变化中，优劣共存。因此，中西文化在交流过程中应享有平等的权利和地位。现阶段的文化教育应同时兼顾目的语文化和本土文化，在开设西方文化课程的同时增设本土文化课。在翻译人才培养过程中，学生是以双重的文化心理进行学习，从而建立起比较系统的目的语文化知识体系，使其能够从深层次了解西方民族思想的起源、风俗习惯、语言及其反映的思维方式和这种思维方式对语言应用的制约；同时，建立起扎实的本土文化基础，扩大知识量，促进知识平衡，完善知识结构。本土文化意识的培养应贯穿于翻译教学的全过程，在翻译教学中不断渗透本土文化元素，从而培养学生的民族自豪感和进行平等文化交流的意识，减少文化错误和文化冲突，顺利完成双向文化交流。

六、提高翻译人才的跨文化交际能力

翻译教学的任务是培养出能够在不同文化背景下进行跨文化交际的人才。跨文化交际是一种“双向”的行为，这就要求翻译人才实现源语言文化和目的语文化的双向理解和精通。新时代要求我们培养出的翻译人才一方面能够通过外语了解目的语国家，吸收外来营养；另一方面，要求翻译人才能够利用外语弘扬本土文化，希望对方能够通过该语言来了解和吸收本土文化，达到平等对话和交流的目的。

本土文化身份重构是培养学生外语学习和外语交际能力的重要措施。比如我国许多著名的翻译家钱钟书、鲁迅、巴金、叶君健、瞿秋白等，他们本身就是中国文学作家，其翻译水平至今仍无人超越。究其原因，是因为他们本身就是本土文化专家。这些人的经历表明，其母语和外语、本土文化和异族文化在人格中能有机地整合在一起。

语言是文化的重要载体，不同的国家有着不同的文化，不同的语言又反映着不同民族的文化，因此，在跨文化翻译教学过程中，必须重视本土文化身份的重构，不能忽视本土文化教学，强调本土文化导入[1]。跨文化翻译教学本土化身份的重构符合国家翻译人才培养目标，不仅有利于进一步促进世界各国的文化交流，同时也有利于使培养出的翻译人才成为本土文化的传承者。

第二节　翻译教学：大学生跨文化意识的培养

翻译不仅是单纯的语言之间的转换，不同语言所承载的文化会对翻译活动及翻译结果的准确性产生直接的影响。翻译活动从本质上来说属于跨文化交流，只有树立跨文化意识才能确真正理解被译语言的内涵，确保翻译结果传达的含义和感情的准确性。在高校翻译教学中也要注重大学生跨文化意识的培养，促进学生翻译能力的提高。基于我国的文化背景和语言特点，翻译教学中大学生的跨文化意识培养需要在以中国文化为基础的前提下，正视中西方文化的差异，尊重别国文化。在翻译实践教学中可以通过两种语言之间句子、词汇及俗语之间文化差异的分析，培养学生的跨文化意识，提高学生对两种不同语言文化的理解能力。本节就翻译教学中大学生跨文化意识培养的原则和具体的培养方法进行了探讨。

语言即由词汇、语音和语法三个要素共同构成的符号系统，但在实际的语言学习中，语言的表述往往会受到背景文化的影响，单纯掌握这三项要素无法真正理解一种语言。语言除了作为交际符号外，也是文化的载体，历史背景、宗教信仰、社会环境及风俗习惯等都会对语言的发展和演变产生影响。翻译实现了不同语言之间的转换，承担着文化沟通桥梁的重要作用。正确理解语言背后的文化差异是翻译活动的首要原则，因而在翻译教学过程中必须要注重学生跨文化意识的培养，促进学生翻译能力的提高。

一、大学生跨文化意识培养的原则

（一）立足于中国文化

我国在五千年的文明发展进程中形成了独有的文化，源远流长的中华文化是汉语魅力的重要来源。随着经济全球化的发展，文化全球化的趋势也不断加深，日本动漫、美国科幻大片等不断涌入我国文化市场，一些大学生被这种经过商业包装的外国娱乐文化而吸引，对于外来文化的热情甚至要高于本土文化，热衷于过洋节的大学生连清明节、端午节及中秋节等中国传统节日的英文翻译都不知道。大学生在文化交流中扮演着重要的角色，而对于中华文化的不了解使得大学生无法利用其他语言向世界展示独具魅力的中国文化。在大学生跨文化意识的培养中必须要将中华文化作为出发点，通过各类翻译实践活动增强大学

[1]　王克友．翻译过程的演生 [M]. 北京：中国社会科学出版社，2008.

生对于中华文化的理解，例如可以布置与中国传统文化、历史景观资料等相关的翻译作业，或是让学生利用英语介绍我国尊老爱幼的传统美德，让学生在翻译实践活动中提高对于我国文化的认同感，增强大学生对于民族文化的热爱，帮助大学生认识到跨文化交流的双向性，促进中国文化在世界范围内的传播[1]。

（二）尊重他国文化

不同国家、民族在经过了长期的文化传承和积淀形成了独特的文化传统和风俗习惯，不同文化背景的人们进行交流沟通必须要通过翻译活动。翻译活动与民族交往和文化互动具有共生关系，翻译活动促进了民族关系的加强，有利于不同文化间的相互理解，从而鉴赏由于隔阂和误会而产生的痛苦和冲突。当进入其他文化语境中时要懂得入乡随俗，避免不必要的争执和冲突。多样的文化造就了多彩的语言系统，在翻译活动中通过透视语言所承载的文化信息，有利于了解语言背后更深层次的含义，提高交流沟通的效率和质量，也可以欣赏到多姿多彩的民族特色和语言文化。翻译者必须要以开放的心态去看待不同的文化，尊重理解他国文化。翻译教学活动中教师也要引导学生，让学生树立正确的文化交流理念，在对他国文化给予足够尊重的基础上开展翻译活动，发挥翻译在促进文化交流和民族交流方面的积极作用。

二、理解中西方文化差异

翻译活动中除了要坚持以本国文化为基础，尊重别国文化之外，还需要正确认识不同国家间的文化差异。翻译教学活动中为了培养大学生的跨文化意识，教师要引导学生理解中西方文化差异，确保可以将被译语言的信息准确完整的阐述出来，促进文化交流。不同国家的发展历程及社会背景存在明显差异，一种文化中崇尚的理念可能会遭到其他文化的不理解甚至是反感，在某种文化语境下合理恰当的举动和行为到另一种语境中也可能是无礼甚至是充满挑衅意味。例如我国传统文化强调长幼尊卑，因而父系亲属称谓和母系亲属称谓各不相同，但是西方文化中强调人人平等的理念，因而称谓语相对更为简单。此外，“去哪儿呀？”“吃饭了吗？”这种问候语在汉语言系统中十分常见，但是西方人对于个人空间较为重视，因而在问候时则是聊天气较多，例如：“Nice day，isn’t it?”“What a lovely day！”且在与陌生西方人交流时要尽可能避免涉及年龄、婚姻以及收入等比较私人的话题。

三、翻译教学中培养大学生跨文化意识的方法

[1] 李淑康，李克．英语体育新闻语篇翻译的转喻现象探析 [J]. 厦门理工学院学报，2011，19（04）：94-98.

（一）词汇翻译

词汇翻译是翻译活动中最为基础也是最为关键的内容，随着时代的发展和社会环境的变革，词汇也处于不断的变化中，新词汇的出现和老词汇用法的变化在一定程度上增加了翻译的难度。因而翻译教学中也必须要提高学生对于新词汇的敏感程度，将不同时代的文化特点准确的融入翻译中。例如“hippy（嬉皮士）、Water gate affair（水门事件）、闪婚（flash marriage）、经济适用房（affordable housing）”等都是特定时代背景下产生的新词汇。对于两种文化的熟悉程度直接影响了翻译的质量，对于翻译者而言，理解文化甚至比掌握语言更为重要，语言只有处于特定的文化背景中才有意义。在翻译练习活动中，教师要引导学生对一些表现年代特征和文化色彩的词语进行注释，例如：“春运（spring transportation，it happens when people go back to their hometown to spend Chinese spring festival with family）、下海（jump into the sea，to set up one’s own business）”等等。即使是本国语境下，个人的词汇量和词汇侧重也会受到文化知识水平、年龄以及职业等的影响，不同语言的翻译过程中很难做到词义上的一一对应，因而在翻译的时候要对词汇的内涵进行关注。例如汉语中“林妹妹”一词除了特指林黛玉之外还代指一些柔弱的女子，英语中“罗密欧”除了指文化作品中的某个人物形象外还经常作为亲密爱人的代名词，这种由于文学作品赋予词汇的含义，必须要在熟悉相应文化和特定语境的情况下才能进行准确地翻译。

（二）句子翻译

不同语言系统的文法习惯、句法结构及修辞格律都有着巨大的差异，因而句子的表述形式和结构方面也有着明显的区别。在进行英汉的翻译活动时必须要明确汉语和英语逻辑联系、句式及词序等方面的差别，尽可能提高翻译结果的准确性。汉语对于人称较为重视，且句子中存在较多的重复，而英语中相对更为重视物称，且要避免句内的重复。因而在进行句子翻译时要避免单个词汇的堆叠翻译，要根据整句话的含义将其句子的内容表现出来，做到意译。中国人在进行地名或者是时间等的表述时往往是由整体到局部，而英语中则是要按照由小及大的顺序。不同的语言表述方式体现了该文化语境下人们的思维方式。西方人强调社会的公正和出示的客观态度，因而英语句子中较多使用第二、第三人称，被动句也十分常见；而汉语表述时第一人称使用较多，且被动句运用较少。例如：“She was considered quite qualified for the job.”将其译成汉语时要根据汉语的表述习惯在句子中加上一个主语，在英语被动态句子的翻译中要根据实际情况加上可能的泛指性主语，从而使翻译的语言更加符合汉语的句型结构和表述习惯，该句话可以译为“大家都认为她很适合这个工作”。正确理解汉语和英语在词汇、句子中体现的文化差异，并在翻译教学中体现文化差异可以提高翻译教学的趣味性和知识性，确保翻译结果符合实际的跨文化交流的语境。

（三）习语翻译

习语是特定文化背景下语言发展而形成的，习语具有强烈的文化特征，反映了当地人的价值观念和思维模式。在进行习语的翻译时要注重两种不同语言的文化特征的表现。例如西方人对于宠物狗十分重视，甚至将其视为自己的家庭成员和朋友，因而也有很多与狗相关的习语，例如："Every dog has its day""Love me，love my dog"，在进行该类习语的翻译时要注重贴近中国的文化语境，即"凡人皆有得意时""爱屋及乌"。而汉语语境中跟狗相关的习语则大多为贬义，例如"狗急跳墙""狼心狗肺"等。相同含义的习语其具体的表达方式往往会受到当地的生活习惯、风俗习惯等的影响，例如汉语中的"挥金如土"对应的英语习语为"Spend money like water"，"狼吞虎咽"则可译为"Eat like a horse"。在翻译教学活动中，为了培养学生的跨文化意识，提高教学活动的实效性，可以采用小组讨论、情景表演等多种学习形式，并采用英语视频、电影等为学生创设更加真实的异国文化语境。

跨文化意识的培养对于翻译教学有着重要的意义。语言与文化、社会和语境有着不可分割的关系，语言的文化性特点决定了翻译活动的跨文化交流性质，翻译者在对两种语言进行转换的过程中，必须要树立跨文化意识。在高校翻译教学活动中，教师要明确跨文化意识的培养原则，采取科学的教学方法培养大学生的跨文化意识，让学生正视不同文化间的差异，促进学生跨文化交际能力和翻译能力的提高。

第三节　多元文化背景下的高校英语跨文化翻译教学模式

对于大学的英语教学工作来说，英语四六级无疑是其中重点研究对象。而在英语的四级题型当中，翻译题型占据着重要的位置和比重。另外，翻译题型对于学生英语综合运用能力有着很明显的促进作用。现如今，翻译题型的多元文化元素越来越明显，翻译很大程度上也承担着中华文化的传播作用。本节主要基于多元文化背景下的跨文化翻译教学，对新的翻译教学模式的改革进行研究，阐述其重要性与必要性，并探讨跨文化翻译教学模式改革措施。

大学英语的四六级考试题型已经历经了多次的改革，自 2005 年开始，题型上难度不断增加，特别是翻译的难度大大提升了。以往的题型上，翻译主要是句子翻译，而如今改为了段落翻译。并且翻译的内容上也发生了很大变化，翻译的内容呈多样化变化，涉及中国传统文化、历史人文、国际经济、国际社会发展等各个方面的多元文化话题。翻译的分数占比也发生了很大变化，由以往的 5% 比值，提升到当前的 15%，答题时间由过去的 5 分钟，到现在的 30 分钟。可见国家对英语教学综合运用能力的重视程度。从英语翻译题型的变化来看，测试的重点逐渐向多元文化背景下的交际应用性能力转变，英语考查更注重学生的综合能力。这种情况下，我国大学英语翻译教学模式和目标也面临着全新的启示以及挑战。

一、高校英语跨文化翻译教学的重要性和必要性

根据教育部最新的《大学英语课程教学要求》，英语教学当中的理论知识主要为基础性指导作用，主要的学习内容还是英语语言知识的实际运用，即英语的运用技能、学习和掌握的方法策略以及跨文化的英语交际等。在此内容下，还要运用多样化的教学模式和教学手段，打造最佳的现代英语教学体系。在这种纲领性文件当中，主要强调的是培养学生多元文化素质的交际应用能力，而这种能力的培养需要具备多元文化交际能力。也就是说，这种高能力的培养不仅要熟知中华文化，还要理解西方文化，对西方文化有着深刻的洞察，并在交际应用中输出或者传播中华文化。而英语四级当中对于翻译题型的这种改革，恰好也反映了英语课程的要求，并对其贯彻落实。从过去的语句翻译到如今的整体段落翻译，虽然在难度上提升了，但是对于考查的目的有了极大的改进。过去主要是考查学生的语法和词汇能力，而如今更注重学生的跨文化交际能力的考查，加大了对学生语言输出能力的要求。但是，除开考试题型来看教学现状，应试性教学仍然屡禁不止，学生学习英语的兴趣仍然被抑制，教学模式仍然急需得到有效的改革。

长期以来，英语教学工作主要注重学生语言知识的掌握，工具性和功利性强。大学生学习英语的兴趣难以提升，许多大学生即使过了四六级，但是英语交际能力仍然处于低下水平，甚至存在普遍的“中国文化失语症”，对于中国优秀文化的输出和传播效果低下，意识能动性不强。在教学当中的各个方面，包括四六级考试、英语教材的制定、教学模式、教学内容等各个方面的内容上，中华文化的比重不明显，西方文化仍然占据着主导地位，大学生在英语学习中的内容获得缺乏文化的平衡性。在这种情况下，即使学生看似基本掌握了语法和词汇，但是一旦涉及有关中华文化的翻译，便难以入手和启齿，甚至束手无策。因此，对于英语在翻译上的教学模式，还需要投入大量精力进行研究与改革，并进行不断的实践探索，保障英语教学的健康平衡发展。

二、跨文化翻译教学模式的改革

（一）构建跨文化翻译教学模式的基本框架

开展教学模式改革的前提性工作，就是打造全面的翻译教学体系，即将跨文化交际学、文化学以及文化语言学集为一体，进行整体性的翻译教学活动。大学当中的英语教学工作，主要教学目标应该转移到以培养学生的语言应用能力为主。翻译教学承担着提升学生跨文化意识的重任。要在学生掌握跨文化意识的基础上，理解并掌握翻译基本知识，最终形成灵活的翻译实践能力。学生的翻译跨文化意识很大程度上体现在学生面对多元文化差异时的自觉性与敏感性。另外，教学工作者也要加强英语学习的引导，使学生在学习英语的同时，注重母语文化学习，并不断理解两国文化差异性，利用差异性的教学方法强化学生多

元文化意识，使学生具备多元文化输出的实践能力[1]。在此基础上，对于四六级的考试也能够从容地面对。英语翻译教学的知识层面应该包括语言知识和跨文化知识，以及基本的翻译理论知识。其中，跨文化知识主要包含目的语的文化知识及语言知识。总的来说，学生不仅要掌握目的语的理论知识与目的语所在国家的文化知识，同时还应该具备丰厚的中华优秀文化素质，能够将两者进行灵活的转换，具备良好的跨文化输出能力。

（二）不断进行跨文化翻译教学模式的实践

1. 平衡母语与目的语教学

在教学实践的开展过程中，要注重母语文化的教学工作，最大化平衡好母语文化教学与目的语的文化教学工作。根据以往的教学实践来看，英语教学过分注重目的语的教学，而没有与母语的教学进行良好的结合，忽视了母语教学工作。这种教学现状，使得许多学生存在"中国文化失语症"，学生的文化比较能力正在逐渐缺失。四六级的翻译题型，在内容和形式上与中国传统文化以及中国社会经济的发展有着重要的联系，这就要求学生掌握丰富的汉语文化，并要求对中华文化有一定的积累，同时能够对中西方文化的差异存在敏感性。因此，学生在学习英语的同时，还要对中西方文化进行对比，了解彼此的差异。在汉语造句上，名词为重心，在表达习惯上也与西方文化有着较大的差异。西方文化注重分析与个性，自由主义明显，理性思维突出，所以英语在形式上的主干结构为"主谓"模式。学生需要具备这些文化差异认识，根据实例对差异的理解进一步加深化。

2. 加强翻译理论教学，提升翻译技巧

英语教学当中的翻译题型，以往主要是考察字词的翻译，而当前的英语考试翻译主要以句词的翻译为基础，继而进行对整体段落的翻译。段落翻译完整性、独立性较强。进行翻译时，需要注意到段落的整体结构，当成整个语篇来处理。当对语篇进行翻译处理时，还应该注重句子与句子之间的衔接性。因此，在教学课堂当中，教师要改变以往局限于词汇和语法规则上的教学，多采用新的教学方法和翻译技巧教学。

总而言之，英语的翻译教学工作在多元文化背景下面临着诸多的挑战，同时也是加快英语教学改革的机遇。英语翻译题型的内容和形式越来越体现文化性特征，不仅要求学生掌握中国文化知识，还要了解西方文化知识，洞察两者之间的差异性，培养跨文化输出的意识。

第四节　跨文化旅游翻译教学与文化自信

跨文化旅游翻译是践行文化自信的重要领域。翻译专业教学应凸显对学生跨文化交际能力的培养，跨文化旅游翻译教学应强调异化法对本土文化的传播，使用真实旅游资料作

[1]　从莱庭，徐鲁亚．西方修辞学 [M]. 上海：上海外语教育出版社，2007.

为教学资料，并配以完善的翻译课程评价体系。

中国目前还只是一个文化大国而不是一个文化强国，增强国家文化软实力，就要努力展示中华文化独特魅力，把中华文化传播出去。这就需要切实提高对外文化交流水平，充分运用翻译这一传播媒介，大力推动汉英翻译事业。做好中华文化的对外宣传，是必须重视的时代课题。

中国文化的国际交流与传播是提升中国文化软实力的重要途径。随着我国综合国力的增强，中国文化在世界舞台上的影响也越来越广泛，中国传统文化深厚的底蕴吸引了众多外国专家、学者和游客的目光。当今的国际旅游业已经发展到文化旅游的新阶段，跨文化旅游翻译成为涉外旅游发展的当务之急，也是践行文化自信的重要领域。王宁认为，我国当代翻译的重点应转向中译外，从而使得翻译以一种积极的姿态“重新定位”全球文化，使中国文化能真正屹立于世界各国文化之中[1]。

在此背景下，为我国的旅游行业培养翻译人才的翻译教学也肩负了更大的责任，对旅游所涉及的本土文化的深入研究和教育提出新的方向，对学生跨文化交际能力的培养提出更高的要求。

一、跨文化旅游翻译中的文化自信

如何才能在跨文化旅游翻译中做到文化自信？首先，译者的文化身份和文化认同在翻译中对文化因素的处理起着决定性的作用。旅游资料译者在翻译过程中要保持传播本土文化的立场，让本土文化无限靠近目的语读者，让外国读者充分感受到中国文化的博大精深和魅力，并深刻认识到中国文化特有的元素和内涵，不能一味屈从于外国人的认知习惯，忽视或忽略语言原有的文化渊源，要最大限度把中国文化传播出去。只有译者首先做到对本土文化深深的挚爱和信仰，才能在翻译过程中把握好文化要素的处理，即所谓对本土文化的充分肯定。

译者在进行语言转换的同时，也在传播文化，是文化的传播者。因此，译者必须要有很强的跨文化意识，在旅游资料翻译中最大限度的把本土文化体现在译文中。如在中国，松、竹、兰、梅可以用来形容人的气节。松树因其四季常青，代表刚毅、长寿，而西方人对松树并没有这样的喻义和联想。因此，泰山著名景点“五大夫松”译为“Fifth-Rank Pine”，需要对文化释义进行补充，解释松树在中国文化中的象征意义。同时，五大夫松是由皇帝御赐得名，“五大夫”为古代爵位名称，译者需要在景点名称后进行解释性翻译，否则游客无法理解为何松树是“Fifth-Rank Pine”。

该景点翻译存在“Five-Bureaucrat Pine”“Five-Doctor Pine”“Five Gentlemen Pines”等误译，这些译法是译者跨文化意识缺失的表现。文化资料的译者必须具备跨文化意识，不可照搬字面意思，影响我国的涉外旅游形象。

[1]　张红玲．跨文化外语教学 [M]. 上海：上海外语教育出版社，2007.

文化自信不同于文化自负。跨文化旅游是跨文化交际活动，交际成功与否必须要考虑受众的需求和期待，尊重外国人的审美习惯和信仰，避免文化冲突，给游客带来不适的文化体验。在两种语言的互译中，文化自信是对两种语言、两种文化的尊重和理解。跨文化旅游翻译不仅要积极地把中国文化推向世界，也要注意交流和传播的方式和策略，避免陷入文化自负。跨文化传播是向另一民族文化模式的群体进行传播，在这个过程中要"缩短由两种文化特质所造成的文化心理差距，达到两种文化彼此尊重、互相理解、取长补短，促进各自的发展"，才能更好地促进本土文化的传播和壮大。

文化身份是某一特定文化所特有的，也是某一具体民族与生俱来的一系列特征。要在教学过程中践行文化自信，必须重视翻译中文化身份的建构。翻译本身就是一种跨文化交际活动，跨文化旅游翻译不仅涉及语言层面的翻译，更涉及跨文化交际。译者在翻译过程中并非隐形的，其文化身份也影响着对翻译策略的选择和文化因素的处理。翻译教学中的文化身份建构包含教师对本族文化的认同、学生对本族文化的认同，以及教师和学生在翻译过程中的跨文化身份，即对中外两种文化的深刻见解，是一个文化多维构建过程。教师和学生需要保持稳定的文化立场，维系对中华文化的挚爱与传承，在译文中体现其与生俱来的文化身份，才能保证中华文化的有效外宣。

德国功能派认为言语交际是一种有目的、有意图的活动，原语作者的意图目的应体现在译文中。旅游文本主要有两个目的：一是传播文化，二是吸引游客、服务游客。译者不仅要有自身文化身份，还应当针对不同文本的交际目的、使用场合、受众需求选择不同的翻译策略。旅游资料翻译是个相当复杂的跨文化交际过程，教学过程中要强化学生的文化身份，避免崇洋媚外而忽视本土文化，也要避免文化冲突，陷入文化自负。

目前，我国的旅游宣传资料多而杂，英文翻译相对比较随意，缺乏质量标准和规范、质量监督，景区英文资料甚至出现低级错误，影响宣传效果，有损景区形象。从教学方面剖析其原因，目前我国翻译教学的专业性不强，大多数开设翻译专业的高校培养的是具有初、中级翻译能力的多用途、通用型翻译人才，并非职业翻译。具体到涉外旅游行业，学生的旅游行业英语表达不够专业，没有凸显行业英语专业翻译能力的培养，更缺乏实际跨文化旅游翻译实践经验和训练，旅游行业高水平翻译人才比较匮乏，造成我国旅游行业外宣能力不足的现状。

因此，只有提高我国跨文化旅游翻译教学水平，培养高素质旅游行业翻译人员，增强我国旅游从业人员的人文素养，才能为跨文化交际奠定坚实的基础，并由此提高我国文化的国际影响力，才能真正做到文化自信。这种自信不仅仅是对我国传统文化魅力的自信，更是对整个中华文化发展壮大的自信。

二、跨文化旅游翻译教学理念

我国的旅游资料翻译缺乏标准和规范，翻译版本良莠不齐，甚至一些重点旅游景区的景点翻译也没有做到很好的统一，需要高素质翻译人才综合考虑文化自信的新要求进行规范。跨文化旅游翻译教学应遵循以下教学理念[1]。

在教学过程中采用以强化景区文化再现为根本、异化为主的策略。每个民族的文化都具有独特性，中国文化更是多样而富有中国特色的。翻译教学中应尽可能使用实际的旅游资料作为课堂授课材料，引导学生深入研究景区文化。如泰山著名景点“中天门”和“南天门”的翻译，“天”在中国传统文化中有多种深刻含义，在泰山文化中是宗教意义上独立于人世的另一种主宰。“中天门”“南天门”翻译存在两种版本：“中天门”翻译为“Zhongtian Gate”和“Halfway Gate to Heaven”，“南天门”翻译为“Nantian Gate”和“South Gate to Heaven”。若采用译音的策略，汉语“天”的意义得不到再现，外国人对景点中的汉语拼音是没有任何联想意义的，这就埋没了景点背后的本土文化。因此应采用异化手法，译为“Halfway Gate to Heaven”和“South Gate to Heaven”。

文化负载词的翻译“应尽量采取异化为主的翻译策略，因为这样才能最大限度地体现中国文化特色，也最终有利于中国文化走出去”。对景区文化的深入学习是传播的前提，要求高校在翻译专业课程设置中增设专业文化课程，提高学生的文化素养。

在教学实践中指导学生以目标受众需求为导向，不脱离语言的使用语境。旅游服务信息要提纲挈领，富有呼唤性，与用户形成对话。如泰山官网红门登山路线英文介绍有如下说明：“People willing to view sunrise could stay in the hotel on the mountain”。该译文译者忽视了旅游文本呼唤性，并没有同目标受众“人们”所指的游客建立对话，而是选择了中性词“people”，置身于游客需求之外。呼唤性译本应该表达为：“To enjoy the grand sunrise, you can stay in the hotel on the top.”这样呼唤性的信息才能拉近与游客的距离，脱离语境单纯谈句子翻译，会导致学生对语言语用功能的忽视。翻译课堂需要引入旅游真实语境和语料进行分析，根据培养方案和学生需求适当增设行业英语课程，在实际应用中增强学生的跨文化交际能力。

在翻译评价体系中突出以思维习惯差异为标杆，衡量译文的文化传播效果。外宣翻译本质上是跨文化传播，旅游资料的外宣翻译也必须遵循传播规律和原则。传播学先驱哈罗德·拉斯韦尔的5W模式是传播学经典理论，即传播过程由传播主体、传播内容、传播媒介、传播受众和传播效果五要素构成，其中最核心的就是传播效果。效果为先的原则要求译者充分考虑受众的文化心理和需求，从传播内容和传播手段上确保最好的传播效果，做到以目标受众为中心。翻译课程的评价体系应全方位测评学生的翻译能力，不仅考虑学生课堂表现及期末测试成绩，更应给学生真实语料，从实际产生的传播效果评价学生的翻译能力。

充分利用现代教育技术进行虚拟旅游翻译的实训网络时代。网络上的旅游资源非常丰富，不少国外旅游资源都已经做到虚拟旅游，国内部分5A级旅游景区的英文外宣工作也做得比较完善，能够为翻译课堂提供实用的教学资料和翻译体验。跨文化旅游翻译课堂应

[1] 苏立昌.认知语言学与意义理论[M].天津：南开大学出版社，2007.

充分利用计算机、网络、手机等新媒介充实课堂资料，革新教学方式，运用语料库等手段提高学生的翻译理论和实践水平。现代教育技术也为提高学生文化素养提供了平台。

跨文化旅游翻译教学是提升跨文化旅游水平的重要保障，是提升中外文化交流水平的基础条件。文化自信新背景下，跨文化旅游翻译教学要突出对学生跨文化交际能力的培养，加深对本土文化的研究和传播，进一步提升学生的文化修养，在教学过程中突出异化策略对本土文化的影响，并从翻译课程评价体系上确保对学生的翻译能力进行客观测评，充分利用现代教育技术丰富学生跨文化旅游翻译体验，让学生在沟通两种文化的同时，能最大限度地把中国文化推向国际，既践行文化自信，又增强国人的文化自信，提升中华文化软实力。

第五节　翻译教学中的跨文化认知能力研究

随着认知科学以及跨文化交际的发展，在全球化的格局下，外语人才的培养急需提升其跨文化认知能力，这对翻译教学提出了更高的要求。翻译教学应转变观念，改变传统教学模式，从教学内容、教学方法上探索基于跨文化认知的教学新模式。

上个世纪五十年代的美国开始跨文化交际的研究，我国对跨文化交际的研究历史约四十年。跨文化交际整合了多门学科的研究成果，如人类学、语言学、传播学、心理学、社会学、哲学等。当今跨文化交际研究已经成为一门系统的学科。跨文化交际概念的引入对外语教学产生了重要影响。在跨文化交际的当代，外语教学的重要目标就是要培养学习者的跨文化交际能力。翻译作为两种文化理解和交流的重要手段，更是语言和文化的双重传递。西方以巴斯奈特（Bassnett）为首的文化学派把文化的制约因素看成了翻译的本质。因此，在翻译教学中应重视文化信息的传递，培养学生的跨文化认知能力，提高其跨文化意识，避免因单一身份而对非本民族文化持模式化态度。

一、翻译教学中跨文化交际能力

跨文化交际能力一般包括情感、认知、行为三因素。跨文化交际能力的人们应表现出积极的态度，承认并尊重文化差异，具有较高的跨文化敏感度，尊重文化差异。认知也就是文化意识，即在跨文化交际过程中形成的对两种文化的认知。行为是指人们进行跨文化交际行为的各种能力和技能，如开始谈话或结束谈话的技巧、移情的能力等。跨文化交际以文化为基石，现代外语教学的重要任务就是要从文化知识、文化意识的角度实行交际实践活动，从而建构互相联系、互相制约的跨文化交际体系。教师们在教学过程中应该凸显文化教学，将文化融入语言技能，培养跨文化语境中的双语使用者。在文化教学中，学习者应积极思考，认真对比两种文化之间的类似与差异，摆脱单一民族思想狭隘性，以期达到两种文化的相互理解，实现文化认同。

翻译教学中尤需注意培养学生的跨文化认知与意识，因为翻译的本质即跨文化交际。翻译是将一种语言文化转化到另一种语言文化的交际活动。翻译和跨文化交际都寻求克服文化交际障碍。翻译就是一种文化对另一种文化的理解、表意和解读。作为协调者的译者必须具备双重文化知识为两种文化搭桥。然而，长期以来，我国的翻译教学多采用传统的教学方法，重视对翻译理论和技巧的训练，翻译的练习强调句子的转换技巧。学生在实际翻译过程中，经常遇到超出语言层面的文化难点，而这些问题从属于文化层面。学生对两国文化和思维方面的差异知之甚少，因此，急需在翻译教学中提升学生的跨文化认知能力。

二、翻译教学中跨文化认知意识

（一）提升翻译活动的跨文化认知能力

翻译教学中培养学生的跨文化认知能力主要体现在三个方面。首先，提升翻译实践中的文化意识。文化意识包含对词汇、语篇、背景知识等的文化解读。每个民族的语言都承载着该民族大量的文化信息，英语词语包括成语、典故、谚语、俗语，这些词语包括内涵意义和外延意义，教师在词汇翻译教学时应着重指出文化意义在双语中的对比。英美文化包含诸多背景知识，在翻译语篇时，译者往往需要借助文化知识帮助解读篇章的言外之意。对美英国家的民俗、历史、地理、社会行为等知识的了解和掌握有助于学生正确理解并准备翻译其内容。其次，培养文化翻译能力。英语教学中存在的突出问题是学生对英语中的文化内容了解不足，甚至错误，对于翻译中的文化转换能力也严重不足，实际跨文化交际能力欠缺。再次，翻译教学中需注重文化教学。翻译课堂教学应进一步凸显文化教学，加大文化内容的实战练习。目前我国翻译课堂练习仍然以句型、段落和语篇练习为主，注重对两种语言句型转换方面技巧的训练。跨文化交际视角下的翻译教学应从理论和实践的双重角度加大文化内容的练习力度和广度。英美文章大量典故取自希腊罗马神话，圣经故事等，如果学生不能正确理解或是翻译，会给目标语读者的理解造成很大障碍。

（二）增强翻译过程的文化认知解读

过去的翻译教学中过于偏重翻译技能的讲授以及翻译策略的选择。对学生翻译活动的评价局限于翻译的成品。教学中忽略了翻译的过程研究，对学生在翻译过程中的认知运作几乎没有关注，更没有观察、记录、分析学生在识解异质文化中出现的心智运作，以及认知运作所形成的翻译作品的差异性。翻译教学研究主要集中于理论性的研究，包括对翻译产品、翻译过程、翻译能力等方面的描述性的研究。Guellar 也认为以前翻译理论侧重探索翻译这种跨文化交际中的过程和结果，然而大多数都忽略了译者及其在翻译过程中的作用。译者在翻译过程中既是一个话语者，也是翻译原文本的倾听者。译者在翻译过程中对文化因素的识解过程真实地反映了译者对不同文化的认知与解读，历史文化语境、翻译交际过程以及文本本身都是制约译者是否能准确顺利完成双语之间的认知融合，达到不同语言之间交际的条件。所以跟踪、识别、分析译者的文化认知识解过程可以更好地促进翻译教学，能够帮助教师理清学生在翻译过程中所遇到的跨文化交际失败，认知识解过程受阻，无法完成译文或者译文错误的不同情况，从而动态考查学生的翻译活动，针对性地解决翻译过程中不同层面的问题，选择正确的翻译策略，形成目标文本[1]。

三、翻译课堂中跨文化教学方法

提高文化翻译能力需要科学的跨文化教学方法，因为“方法在某种意义上甚至比内容更重要”。跨文化转换能力是翻译能力培养的重要环节，教学中要增加文化翻译的分量。翻译课程可以从教学内容和教学方法上进行优化。

首先，教学内容上添加中西文化的对比讲授，包括历史、宗教、哲学、艺术、文学等意识形态。翻译课堂需囊括跨文化教学方法，如专门添加文化讲解篇章、比较对照两种文化差异、组织跨文化交际活动等。在翻译练习中，通过讨论和辩论等探索多种翻译方法，增强跨文化交流意识。比如，中英文化负载词的翻译一直是翻译的一大难点。在翻译古典名著《红楼梦》时，杨宪益和夫人戴乃迭的合译本将之译为英国牛津大学教授大卫 · 霍克斯（David Hawkes）将之译为出现这种差异的重要因素就是文化差异。“红楼”一词暗含文化意义，在古典诗文中，“红楼”意蕴丰厚。乾隆四十九年梦觉主人的《红楼梦序》即云：“红楼富女，诗证香山”。“红楼富女”一词很可能取自白居易《秦中吟·议婚》“红楼富家女，金缕绣罗襦”，指代富户之女。《红楼梦》一名点名主旨，与书中的女儿故事浑然一体，因而杨宪益和夫人戴乃迭在翻译时考虑到文化的宣扬，保留原来的书名。但大卫 · 霍克斯在译介时，考虑到“红”一字在西方语境中的不同联想意义，因为“红”色在西方象征着革命、流血、血腥和暴力，从而选择了《红楼梦》的别名《石头记》作为书名。杨宪益和大卫·霍克斯的版本都是翻译经典，很难说孰优孰劣，都是文化制约翻译策略选择的优秀案例，教师在翻译教学中，应该注重从翻译目的、翻译策略、翻译效果方面向学生讲解，帮助他们形成直观经验，提升跨文化意识。

其次，翻译教学内容也应介绍不同文化的风格和特点。改变传统翻译教学过于关注语言转换的思路，有系统、有计划地导入文化因素。帮助学生从思维方式、宗教信仰、风俗习惯等方面了解并理解中西文化差异。西方文化的主要来源是圣经故事、希腊罗马神话和亚瑟王的传说，诸多成果典故来源于此，教师在课堂教学中应因势利导，有所侧重。比如，在翻译 Achilles’ Heel 时，教师不是简单地讲解为“阿基里斯的脚后跟”，还要从这一典故的来源解释为什么正确的翻译为“致命的弱点”。只有将跨文化内容导入文化教学，才能进一步开拓学生的眼界，扩展思路，提升翻译能力。再次，教学中应注重日常交际能力的训练，日常交际是跨文化交际的基础。学生的口语交际中经常出现语用错误，造成交际障碍。比如，日常交际中，中国人喜欢问：“你是做什么工作的呢？”在翻译时，往往直译

[1] 吴为善，严慧仙 . 跨文化交际概论 [M]. 北京：商务印书馆，2008.

为 What’s your job? 实际上，在跨文化交际中，西方人更常用的是 Are you working at the moment? 因为不是每个人都从事某项工作，如果直接询问职业，对于无业者来说就显得尴尬，而后一种提问方式更加礼貌。又如，中国人为表谦虚，经常说“我没有经验”，直译为 I have no experience。这种客套话经常会被西方人直接理解为能力不足，西方人惯用的表达方式为 I don’t know much about that.I am not really an expert in this area。因此，在交流时采用本民族的思维习惯，可能会产生误解和冲突。学生可以多多进行角色扮演，亲自参与其中，完成从被动的听课者到积极的参与者的转变。

教学方法上，注重翻译过程的动态考查，实现以学生为中心的认知翻译教学模式。将译者置于整个动态的翻译框架中，以认知翻译观为导向，注重译者在跨文化交际中的认知运作过程。从文化认知层面、翻译交际层面以及文本层面多维度解读翻译活动，摒弃以前单的对学生翻译成品单一的评价，将跨文化认知能力纳入动态翻译研究过程。文化层面是译者的认知基础，文化、语言和翻译规范等决定了翻译过程的产生方式以及译文的可接受性。译者总是基于两种文化的识解，通过自己的认知运作，参与翻译过程，并选择最佳的翻译策略，最终实现文本的对应，生成目的语文本，完成翻译活动。由此可见，译者在整个翻译过程中都起到主导作用，整个翻译过程是以译者为中心的主体间的互动和整合。译者的认知运作囊括了语言、文化、文本等所有层面。因此，在翻译教学方法中应将翻译活动纳入动态的系统之中。文化教学与跨文化认知应贯穿于翻译教学之中，融于翻译技能讲解之中，特别着重考查译者在翻译过程中的心智运作，培养学生的文化认知和跨文化交际能力。翻译教学方法的更新和提升对教师能力提出更高要求，教师要改变教学理念，除了翻译理论和翻译技巧的能力之外，还要重视自身的跨文化交际能力以及认知语言学的知识。

综上所述，全球化的多元时代，跨文化交际的客观需求决定了单纯的语言能力远远不能满足翻译人才的需求。在翻译教学中，必须重视学生的跨文化能力，探索学生翻译过程的心智运作与认知创造，培养学生的跨文化认知能力。在翻译教学的各个层面都需渗入跨文化的方法，才能适应时代需要，培育出符合我国实际需要的外语人才。

第六节　跨文化视域下的四、六级翻译教学模式

本节从跨文化角度入手，分析我国传统英汉翻译教学在跨文化背景下存在的问题，并针对大学英语四、六级翻译题目的改革，研究和探索大学英语的翻译教学如何针对这一变革做出相应的教学实践。

翻译并不是简单的语言交流，它更多得是建立在对于不同文化的理解基础之上。尤金 · 奈达就指出：“翻译是两种文化之间的交流。对于真正成功的翻译而言，熟悉两种文化甚至比掌握两种语言更加重要。因为词语只有在其作用的文化背景中才有意义”。英汉的翻译过程是一个跨界行为，要做到精准、深入的英汉互译，就需要深刻了解英汉文化的异

同之处。只有建立了一定的文化知识积累，英汉翻译的教学才有可能实现有效的翻译功能、教育功能和文化交流功能。

一、四、六级考试翻译改革

根据最新《大学英语教学指南》（征求意见稿）的精神，大学英语教学的主要内容分为通用英语、专门用途英语和跨文化交际三个部分。新提法中谈到大学英语的课程目的不仅体现为工具性，更应该体现在增加学生的社会、文化、科学等基本知识，拓宽国际视野，提升综合文化素养等方面。翻译作为大学英语课程能力培养的重要组成部分，其过程涵盖了听、说、读、写、译的全部内容，它不仅仅是一种跨语言的交际行为，在更广范围和更深层次上讲，更是一种跨文化的交际行为，是文化传播的重要手段。与这一目标相悖，我国传统英汉翻译教学存在语言教学与文化教学相脱离的问题，这种脱离体现在教学理念的滞后、师资队伍专业能力的结构匹配度低、教材内容的陈旧以及学生跨文化意识的缺失等方面。

在英汉互译教学理念上忽视了文化教学。第一，理论和方法教学占据了大部分的教学资源和教学时间，而翻译实践方面并没有过多投入，这种理论方法与实践脱离的英汉互译教学理念和教学模式导致教学效果的不理想。第二，师资队伍能力偏差。我国当前英汉互译教学的师资队伍中，绝大部分的教师都是翻译专业出身，这种专业能力结构出现偏差的状况也是导致我国英汉互译教学出现重语言翻译轻文化教学的原因之一。第三，教材内容的陈旧。纵观主流大学英语教材在文化教学内容上均存在一个不足：中西方文化输入的严重失衡。大学英语教材中有关中国文化的题材不足，在有限的中国文化相关题材中，内容陈旧，时代感不强，四大发明、丝绸之路等内容过于常见，鲜有题材与当代中国文化贴近。第四，学生跨文化交际意识的匮乏。非英语专业学习者的学习重点主要是英汉翻译和语言学习，对英汉文化差异知之甚少，在翻译时难以准确地表达语篇所包含的深刻文化底蕴。跨文化交流不能只局限于文化理解层次，也需要拓展到与交际对象的文化共享和文化影响方面。但由于我国大学英语教学长期以来重视输入性的文化理解而忽视共享性和影响性的文化输出，中国文化失语症已成为我国大学英语教学的重大缺陷，因此，这些教材内容不能有效激发学生在英汉互译学习中接触和了解跨文化交际的意识。

《指南》指出，大学英语课程兼有工具性和人文性等双重性质。大学英语课程是基础教育阶段英语教学的提升和拓展，能进一步提高学生英语听、说、读、写、译的能力，使学生获得在学术或职业领域进行交流的相关能力。与此同时，还要了解国外的社会与文化，增进对不同文化的理解、对中外文化异同的意识，培养跨文化交际能力，弘扬本国文化，将社会主义核心价值观融入大学英语教学中，充分挖掘大学英语课程丰富的人文内涵，实现工具性和人文性的有机统一[1]。为了实现这一目标，大学英语四、六级考试进行了诸多改革。

[1] 裴于兵．网络环境下高校英语翻译教学的改革策略与创新途径研究 [J]. 中国多媒体与网络教学学报（中旬刊）,2019(08):38-39.

2006年6月，翻译作为独立题型在四、六级考试中首次出现。该项题目要求考生将5道题目中括号内的中文翻译成英文，其对应的英文体量为15-30个单词。该项题目的设计理念能够涵盖和考查学生对重点语法、词汇及短语的综合运用能力，因而迅速成为大学英语教学中的重要内容。从2013年12月的考试开始，汉译英翻译以段落翻译的形式出现，难度表现为翻译体量增加为140-160个汉字，分值增加为总分值的15%。翻译内容覆盖了中国社会、经济、历史、文化等方面内容。笔者针对2015年四、六级考试翻译题目关键词及翻译难点进行了一定的梳理，发现四、六级翻译在题目选择上，部分内容紧跟当今的时事热点，另外一部分内容则与我国有代表性的传统文化不可分割。出题者的目的在于传承和推广中国文化，而对受试者而言，对该类题型的接受度如何呢？笔者于2015~2016年连续两年在四个学期对所教的非英语专业3个班级共计251名学生进行了中英文化单词互译练习的抽样调查，调查内容包括对15个英国文化词汇进行英翻汉练习，及对15个中国文化词汇进行汉翻英练习。从学生的完成度看，英翻汉的成功率较高，达到了85%，而汉翻英的完成度则相对较低，只有66%，且成功翻译的词汇集中在“长城”“丝绸之路”“京剧”这类高频词汇，而其他诸如“重阳节”“兵马俑”这类词汇的完成度只有12%左右。这个研究表明：对中国广大的英文学习者而言，中国文化的英文输出和英语文化的中文输入不成正比，在英文学习的同时，学习者更多的是第二语言文化的习得而非母语文化的传承和弘扬，特别是现当代文化，学习者十分欠缺用英语表达中国文化的能力。

二、以四、六级翻译为目标的教学法探讨

（一）跨文化交际视域下的对比分析教学模式

对中英文化进行对比分析以深入研究语言的结构和功能，可以从以下三个方面着手进行：第一，通过英语文化和汉语文化的对比分析教学，提高学生的跨文化交际意识。通过对两种不同文化的对比分析，指出二者的不同之处，介绍汉语和英语在语言结构和语序、语法上的差异，从而提升学生的文化素养，培养他们的跨文化交际意识。第二，通过对比分析教学，重点加强学生的语言表达和句子分析能力，以此为基础，进行授课安排，使他们了解英语偏重形合、以形彰义，而汉语则重意合，语句的逻辑严谨、结构简明。而在语句结构的教学中，应重点加强英语与汉语在结构上的差异对比教学，使学生尽量摆脱汉语语句思维的影响，在对比分析中把握英语语句结构的特点。第三，应注重提升学生对翻译技巧的掌握，如减词和增词法、被动句的翻译技巧、正反表达法以及各类从句的翻译技巧，在掌握文化差异的基础上，不断归纳翻译技巧和翻译规律，提升学生的英汉互译能力。

以下列翻译教学训练为例：

首先，动词翻译。汉语中的动词形式单一，英语中的动词则有时代、语态之分。如汉语中的“去”和“来”，在英语中是否就对等于come and go呢？应该注意的是，英汉词汇很少是一一对应的关系，通过对此类词汇的对比学习，能熟练掌握这一翻译技巧。其次，

句子结构。汉语和英语的句型有很大的差异，句型完全照搬的翻译方法是不可取的，应该根据具体语境具体分析。如："我身体健康"，从汉语的结构来看，这是一个主谓结构的句型，按照中文习惯直译为"My body is healthy." 这样的翻译明显不符合英文习惯，译者缺乏对英语文化语境的具体了解，"I am in good health." 则是符合英文习惯的正确翻译。最后，一些常用固定翻译。最常见的是中文的成语和英文的习语。如"爱屋及乌"，就有相对应的习语翻译"Love me，love my dog." 这两种表达方法来自不同的语言环境，但都用来比喻爱一个人而连带地关爱与他 / 她有关的事物，前者是"乌"，后者则是"dog"，这两种动物分别是中英文化中最常见和最普通的动物，这就是翻译的文化标记。从这一角度入手，通过比较的教学方式，可实现高效的翻译教与学。

通过对以上练习的具体分析，教师可以从以下三个方面入手，进行翻译改革。

一是引导学生分析母语与目标语言的差异。不可否认，学习者在一种语境中学会的知识会干扰在另一种语境中的学习，母语表现为负向迁移。现在的大学英语学习者们都已掌握了汉语的一整套表达习惯和方式，学生只有在真正了解母语与目标语言的本质差异后，才能把握两者之间的联系，将负迁移正向化。二是指导学生尽可能多地从多种媒介平台中获取第二外语地区的语言文化传统。文化差异会增大语言学习者的学习难度，降低学习预期，通过对比了解和学习中英两国社会文化传统，求同存异，缩短文化心理距离，从而跟学习者自身熟知的母语文化进行对照，加深学习印象，可获得更好的学习效果。三是在以对比教学法为基础进行授课的时候，课程内容选取及授课计划的安排要有针对性。在教学的过程中，要特别注意文化的对比，着重语法句式之间的比较和语言使用习惯等的差异。在比较中发现中英表达的差异，并在对比和大量的翻译练习中理解和掌握差异，从而更好地消除两种文化的相互影响，使英语表达更地道。

（二）跨文化交际视域下的任务型教学模式

任务型教学法是通过一系列真实教学任务来激发学生的学习动机，促使学习者更积极主动地进行语言学习和实践。翻译课堂的任务型教学在设计活动任务时应该以具体任务为中心，且任务的重点是解决某一具体交际问题，在任务完成过程中激发学生的学习兴趣，鼓励学习者继续学习。同时，学习者通过完成任务能够获得相应的翻译技能。注重语言习得和使用技能，而不再仅限于掌握语法知识点。Willis 的任务型教学模式具有前任务、任务环和语言聚焦三个阶段。前任务阶段，教师布置相关单元任务、安排分组，帮助学生做好任务准备工作。任务环阶段包括任务的具体执行，以及对执行情况的评价。在翻译课堂中，尤其要注重第三环节的语言点聚焦，对学生而言，正确的使用翻译技能应以具有完备的语言知识点为基础。

以下以"东西方饮食"为任务内容，具体说明跨文化视域下的任务型翻译课堂教学计划安排。教学实践的对象为大二国际商务专业学生，课堂规模为 45 人。该班级学生整体四级过级率为 46.6%，其中得分点较高的单项集中在阅读理解，听力、翻译、写作几个部分得分率普遍偏低，这一情况也是我校四、六级考试整体情况的缩影。针对学生听力、写作等方面交际能力弱的问题，笔者设计了如下教学任务。

首先，授课教师根据学生英语技能水平，结合教学目标，选择学生感兴趣的翻译素材。本任务选取的英文素材是中式餐桌礼仪，内容来自中国日报英文网站。其次，任务流程：安排学生对英文翻译选文中的餐桌礼仪的流程进行整理→按照流程进行英翻汉练习→小组内各成员展示翻译成果，集中讨论、互评并修改，选出最佳翻译版本→以小组为单位，对餐桌礼仪进行介绍，同时请组成员对餐桌礼仪进行演示→课后安排学生在网上搜索中式餐桌礼仪相关文献。在前任务环节，教师可以通过播放电影片段、演示 PPT 等方式，引导学生对任务环节的了解，同时对餐桌礼仪涉及的相关历史文化知识进行讲解，讲解时要注意词汇难度应该适中，因为在任务设计的环节加入了现场演示，这对学生的表达是一个挑战，但同时也有助于增强学生的兴趣。分组时，要合理安排不同水平的学生，在任务执行过程中各司其职。任务执行环节，教师应当对学生的翻译工作进行监控，以保障任务的顺利完成。最后，语言聚焦环节，全体成员在教师带领下对翻译选文的语言点进行提炼，让学生通过自身翻译实践体会中、英文差异。

第七节　地方高校商务英语翻译教学中学生跨文化交际意识的培养

随着经济全球一体化的发展，国际的交流与沟通成为商务发展的主旋律。近年来许多高校相继开设了商务英语专业，其中商务英语翻译课程是主干课程。商务英语作为国际的商务活动语言沟通的工具，也为商务活动的顺利开展提供了必要保障。加强在翻译教学中的文化交际意识培养，既是高校商务英语专业教学的重点之一，又有助于促进高校学生跨文化交流沟通能力的进一步提升。

一、地方高校商务英语翻译教学概述

随着对外贸易的蓬勃发展和外贸企业的不断增长，社会急需一批既具备一定的国际商务英语沟通能力，又具备相应的商务专业知识的复合型人才，在此需求下商务英语专业应运而生，本专业的毕业生具有较大的市场就业空间。在开设商务英语专业的高校中，无一例外的将商务英语翻译作为了本专业的必选课程。商务英语翻译技能成为学生能否胜任将来工作岗位的关键。

二、地方高校商务英语翻译教学存在的问题

（一）教师方面

虽然众多地方各校为满足社会需求，跟随时代发展潮流，纷纷开设了商务英语翻译课程，然而，许多英语教师自身的跨文化意识薄弱，学校缺乏既具有精深的英语知识又精通商务专业知识的复合型教师。多数高校英语教师没有商务专业知识学习的教育背景，即使具有专业学习的经历，也缺乏实践经验。以笔者所在高校为例，本部门 16 位专任英语教师中，仅有 4 位教师具有“双师型”教师资质，而其中仅有 1 位教师具有实际的商务实践经验[1]。其他教师教授的知识均来自于书本，教学中主要以理论讲授为主。商务英语授课形式多数为传统的教学模式，其英语翻译教学模式较为陈旧。虽然，有些教师尝试运用新的多媒体技术，并在教学过程中通过网络搜集引用最新的资讯和与课程密切相关的资料，但是从整体效果来看，其课堂内容与实践脱轨情况严重。且现代社会信息瞬息万变，知识的更新速度远超过学校课本的更新速度，达不到理想的教学效果。

（二）学生方面

作为商务英语专业的学生，对其英语专业基础知识的要求很高，然而地方高校的英语专业学生普遍存在学习热情不高，人文素养相对较低等现象。当前，实用主义的思潮对高校学生的影响较大，高校“严进宽出”的现状，致使许多学生对自身的学业要求不够重视，再加上部分学生英语基础薄弱，进而导致了学生在阅读、听说等能力方面的欠缺。另一方面，学生普遍缺乏人文教育，致使人文知识储备相对欠缺，对国外文化知之甚少，缺乏跨文化意识和人文素养。这都给翻译教学带来了障碍，学生很难积极主动地进行翻译的学习，商务英语翻译能力很难获得真正的提升。

（三）教材方面

教材是教师授课的依托，是实现教学目标的保障。尽管我国自 20 世纪 80 年代以来即开设了商务英语的相关专业，商务英语翻译的书籍五花八门。但从总体来看，商务英语翻译教学缺乏统一规范的商务英语翻译教材是高校普遍存在的问题。有的院校为提高学生的英汉翻译能力，用英语基础翻译教材代替商务翻译教材，初衷虽好，却忽视了跨文化交际能力的培养和商务翻译实践能力的提高，并且挤占了商务翻译教学的学时，导致学生只能开展有限的商务英语翻译的实践教学；部分商务英语翻译教材采用全英文撰写，专业术语繁杂，学生学习难度过大，也导致了学习挫败感的产生，影响到教学效果的实现。有的教材编写时间过久，内容相对陈旧，已无法满足实际需求，不能适应当前的社会发展需求。

---

[1] 吴为善，严慧仙 . 跨文化交际概论 [M]. 北京：商务印书馆，2008.

三、商务英语翻译教学中跨文化交际意识和能力的培养

（一）改革教学模式

1. 改进商务英语翻译的教学模式

随着社会的进步和发展，语言也在不断变化和丰富。社会对人才的需求也越来越高，对商务英语专业的毕业生也是如此。商务英语教师要及时转变教学理念，改进教学方法，通过新的、适当的教学方法，改变原来枯燥的翻译教学法以适应新的教学环境和教学要求。案例教学法是较为新颖且有效的教学形式。案例教学法是指将真实的案例引入课堂，以学生为学习的主体，老师作为引导者，选取与课程内容相关的案例，引导学生独立思考，自主学习。

实施案例教学法，首先要求教师注意案例选取要符合教学目标，要贴近实际，与时俱进。选取的案例要有代表性，要详略得当，难易度符合学生的实际水平。此外，还要注意案例的可操作性，让学生在具体交流分析时，能发挥积极主动性，实现独立思考和分析应对能力的提升。通过话题性和具有较强实际操作性的案例教学，不仅能增加课堂趣味性，在学生彼此交流的过程中，其语言表达能力和解决问题的能力也得到了训练和提升。这将为商务英语翻译教学中跨文化意识的培养奠定基础，也为今后在实际工作中的人际交往能力和合作沟通能力打下基础。

2. 提高教师的专业素养

商务英语翻译教师要有不断学习的意识，注重自身跨文化交际能力的培养，应具备较强的商务文化意识。在商务英语翻译教学过程中，往往涉及中西方政治、经济、宗教、习俗等方面的差异。商务英语教师要在教学过程中，创设良好的英语学习环境，注重在翻译课程中渗透英美国家文化。商务英语翻译教学教师在教学中应有意识地培养学生跨文化交际意识。另一方面，针对目前地方高校商务英语翻译教师师资短缺的问题，相关院校应大力开展专业教师的培训工作。同时，加强和相关企业的合作，通过多渠道引入企业人员对专业教师进行培训。在引入新教师时应注重商务经验背景，尤其应优先考虑有外贸工作经历的人员。在职教师应利用假期或学生实习的机会，深入企业，参与到真实的跨文化交际活动中去，了解实际需求，积累实际经验，使商务英语翻译的教学不停留在书本上，从而提升自身的商务翻译能力并将之内化传授给学生。

（二）提高学生的跨文化意识

让学生进一步明确翻译课程的学习目标和开设的重要意义，使其了解到掌握跨文化交际意识对翻译学习的必要性。激发学生的求知欲望，提高他们的自主学习意识，特别是对英语国家文化学习的积极性和主动性，督促学生广泛涉猎知识，提高学习效率，从而提升他们的人文素质，为商务英语翻译教学中跨文化意识的培养奠定基础。只有学生自觉地投入到学习中，才能有意识地吸收教师讲授的知识，并在英语翻译的实际过程中，将自己所

学的英语知识结合跨文化意识更好地应用到实践中来。

（三）选取适当的教学材料

地方高校应结合学校学生的实际情况选取适当的教材。教材的选择不能盲目偏爱名家，以免导致选用的教学内容过于陈旧。教材应基于商务英语翻译理论以及实际练习对整个授课过程进行合理化、优良化设计与部署，使商务应用的本体特征得到体现。要结合学科特点，选取新理念、新思维的教材，优秀的教材应根据时代发展及时更新内容和词汇。要切实考虑到教材的合理性、缜密性、正确性以及实用性。教师可结合学生的实际学习水平和需求，对教学内容进行适当的增减。可将实际的商务活动内容融入课堂教学中，例如，公司的合同、产品的包装、产品说明书等，针对复杂多变的商务英语环境，将先进的教学理念和商务思维传授给学生，提高教学内容的实用性，使其在实践活动中能够应对。

随着全球经济一体化的不断深化，国家间的经济交流日益频繁，对商务英语人才的需求也随之增加，面对光明的就业前景，商务英语人才的培养受到极大重视，但与此同时商务英语翻译教学存在的问题也开始凸显出来。作为开展商务英语教学的地方应用型高校，培养具有较强综合商务能力的复合型商务人才，不断提升商务英语教学水平是办学的主要目标。在商务英语翻译课程中，注重学生的跨文化交际能力的培养，对促进英语专业学生英语水平的有效提升具有重要意义，从而实现向社会输送翻译水平高、实践经验丰富的商务英语人才的目标。

第八节　跨文化视域下高校英语翻译教学中的中国传统文化输入

2013 年下半年开启的新一轮大学英语四、六级改革，翻译题型的分值和难度明显增加，对大学英语翻译教学提出了更高的要求。本节通过分析大学英语翻译教学的现状，探讨中国传统文化融入大学英语翻译教学的必要性和意义，以及如何将中国传统文化渗透到大学英语翻译教学中。

教育部 2007 年公布的《大学英语课程教学要求》明确了大学英语的教学性质和目标，提出“大学英语是高等教育的一个有机组成部分，以培养学生的英语语言知识与应用技能、跨文化交际和学习策略为主要内容，并集多种教学模式和教学手段为一体的教学体系”的要求。培养学生的跨文化交际意识，发展学生的跨文化交际能力是大学英语教学的主要目标之一。翻译是跨文化交际的桥梁和手段，翻译教学作为大学英语教学中必不可少的一部分，对于培养学生的跨文化意识和交际能力有着重要的作用和意义。然而在教学实践中，由于受到大学英语课程设置、教材、课时等因素的影响，翻译教学仅限于对课文相关词句的讲解和教材上的翻译练习题，缺乏文化知识背景特别是中国传统文化的输入。在翻译教学中，教师过分重视语言知识层面的讲解，忽视了文化因素的作用和学生跨文化意识的培养，导致很多学生无法用英语准确地介绍中国传统文化。

一、中国传统文化融入高校英语翻译教学的必要性及意义

将中国传统文化融入高校英语翻译教学，是当今社会对于跨文化交际人才的需要。随着经济全球化的发展和国内外文化交流的日益频繁，当今社会需要的是具有专业知识和跨文化交际能力的复合型人才。进行成功的跨文化交际，交际者不仅需要一般文化的知识，还需要具备特定文化的知识以及关于本国和其他国家的政治、经济、地理、历史、人文、宗教、习俗等各方面的知识[1]。跨文化交流是双向的，我们不仅要学习西方优秀的知识和文化传统，还要将历史悠久、博大精深的中国传统文化介绍给全世界。然而目前高校英语教学的现状是注重目的语教学而忽视母语教学，传统的翻译教学又过分重视语言知识层面的训练，忽略了文化因素的作用和学生跨文化意识的培养，很多大学生对于中国传统文化的认识和理解不够深刻，又缺少相关文化词汇的积累，很难用英语准确恰当地介绍中国传统文化，导致在跨文化交际中出现了“中国文化失语症”。将中国传统文化融入大学英语翻译课堂，有助于增强大学生的跨文化交际意识，提高大学生的跨文化交际能力。

随着大学英语四、六级改革的推进，传统的大学英语翻译教学已经不能适应考试对于学生翻译能力的要求。众所周知，大学英语四、六级考试是一项全国范围内的标准化英语等级考试，对大学英语教学具有重要的导向作用。2013 年下半年教育部全国大学英语四、六级考试委员会对四、六级考试的试卷结构和测试题型做出了重大调整。改革后，翻译题型的变化最为明显，由句子翻译改为段落翻译。改革后的翻译内容涉及中国的文化、历史、经济以及社会发展等话题，四级长度为 140~160 个汉字，六级长度为 180~200 个汉字。分值比例由原来的 5% 提升到 15%，考试时间也由过去的 5 分钟增加到 30 分钟。2013 年 12 月的四、六级考试翻译题目就涉及茶文化、中国结、中秋节、中国园林等具有“中国风”的话题，而且翻译原文中出现了许多具有中国特色文化的词汇，这就要求我们在平时的学习中不仅要掌握好英语语言基础知识，还要有跨文化交际的意识，学会用英语的思维去描述中国特有的事物，如果学生缺乏对原文语言内涵和文化背景知识的了解，就会出现文化误译的现象。

综上所述，将中国传统文化融入大学英语翻译课堂，不仅是为了满足当今社会对于复合型英语人才的需要，也是为了适应不断改革的全国大学英语等级考试。

二、中国传统文化在高校英语翻译教学中的输入及教学策略

翻译是一种跨语言、跨文化的交际行为，美国翻译理论家奈达提出：“翻译是两种文

[1]　王佐良．翻译：思考与试笔 [M]. 北京：外语教学与研究出版社，1989.

化之间的交流。对于真正成功的翻译而言，熟悉两种文化甚至比掌握两种语言更重要”[1]。可见，翻译不仅是两种语言之间简单的语际转换，更是两种文化的转换和交流，文化在翻译教学中扮演着重要的角色。在翻译教学的过程中，文化内容的学习应该是双向的，母语文化和英语文化的地位同等重要。只有掌握本民族的文化，才能更好地理解英语国家的文化，因此教师在课堂上除了进行目的语文化教学之外，还要加强中国传统文化教学和中西文化比较教学，增强学生的文化敏感性，使学生具备使用英语恰当地表达和传播中国文化的能力。

如何将中国传统文化融入大学英语翻译课堂上呢？首先，教师要改变传统的文化教学观，在教学中有意识地融入中国传统文化，做到语言学习与文化学习相结合。以传统节日为例，《新视野大学英语读写教程》中很多文章都涉及西方的传统节日，如圣诞节、感恩节、复活节等，但对于中国传统节日的介绍却很少，教师可以有意识地引导学生将中国传统节日和西方传统节日进行文化和习俗的对比，让学生更深刻地了解和领悟中国的传统文化，并能用恰当的英语词汇和表达方式介绍中国传统节日。例如教师可以从历史渊源、传统习惯、社会习俗等方面将西方的“情人节”和中国的“七夕节”进行对比，学生在中西方文化的比较中不仅学到了丰富的词汇和表达方式，还更深刻地理解了两种语言的文化差异。

李涤非指出[2]，“以往的文化原则往往倾向于目标语文化，不利于文化教学的开展和学生综合文化素质的培养。因此，文化原则应该拓展，体现为包括母语文化在内的各种文化教学材料”。教师可以从书刊、杂志，甚至文化典籍中挑选一些难度适中，介绍中国传统文化、风土人情、价值观念等的中文段落和短文，有意识地在课堂上进行翻译专项练习。首先进行文化层面的探讨和学习，让学生深刻体会其中的文化内涵，然后再进行语言层面和翻译技巧方面的学习。教师还可以向学生推荐一些介绍中国传统文化的英文纪录片，如BBC的《美丽中国》等供学生课外学习。总之，教师要改变传统的文化教学观，有意识地将中国传统文化融入大学英语翻译教学中。

此外，教师还应向学生介绍和总结一些文化翻译方面的翻译理论和技巧。异化和归化是译者在跨文化交际中处理文化因素的两种策略。异化即保留原语的异国情调；归化则是用译语文化中惯用的表达方式来转换原语。在中国传统文化的译介中，异化的翻译策略有助于弘扬和传播民族传统文化，吸引读者体会其中的文化内涵，但是在翻译文化信息特别浓厚的词语时，由于两种语言之间显著的文化差异，仅靠异化不容易让读者理解其意，译者可以根据具体情况和语境，灵活运用直译、意译、音译加注释等多种翻译方法。例如在一篇介绍“中国结”的段落中有这样一句话，“中国结常常作为礼物交换或作为饰品祈求好运和辟邪”。在这句话中，“中国结”一词可以直译为“Chinese knot”，而“辟邪”一词作为中国传统文化特有的词汇，在英语中很难找到相对应的表达方式，可意译为“ward off evil spirits”。汉语中许多词汇蕴含了丰富的中国传统文化，很难用直译或意译准确地

[1] 姚丽，姚烨 . 英汉文化差异下的英语教学探究 [M]. 北京：中国书籍出版社，2014.

[2] 王佐良 . 翻译：思考与试笔 [M]. 北京：外语教学与研究出版社，1989.

解释其意义，我们可以采用音译法，用译入语中相同或相近的语音翻译出来，如“功夫（Kungfu）”“太极拳（Taichi）”“麻将（mahjong）”“饺子（jiaozi）”等，这一译法既可以保留传统民族文化，又可以减少文化漏译和语义缺失。有时为了让译文读者了解词汇背后的文化意义，还可以采用音译加注释的翻译方法，例如“秧歌”一词，可以翻译为“Yangko（a popular Chinese folk dance）”。总之，中国传统文化的译介需要译者将异化和归化两种翻译策略有机结合，灵活运用直译、意译、音译等多种翻译方法。

翻译是中西方文化交流的重要渠道，也是跨文化交际的桥梁。为了达到文化之间双向交流的目的，也为了适应改革后的大学英语四、六级考试要求，大学英语翻译教学必须进行相应的改革。作为大学英语教师，应该在日常的翻译教学中有意识地将中国传统文化融入大学英语课堂上，注重培养学生的跨文化国际视野。

第九节　跨文化视角下英语翻译的词类转换技巧

翻译是指将一种语言语言转化为另一种语言的过程，有非常多的技巧，需要翻译人员掌握比较专业的技能，这样才能达到英语翻译的目标，将原文的精髓充分表现出来。本文从文化视角对词类转换进行分析，从而提高翻译者对英语翻译的认识，掌握词类转换的方法，最终提升翻译者的英语翻译水平。

如何做好两种语言词类之间的转化，需要进行深入的探讨，从而达到英语翻译目标。例如：李丽和王倩关系一直不好，令她们尴尬的是她们将要在同一个班级上课。译为：Li Li and WangQian didn’t get alongwell with each other.It was embarrassing that they were to studyin the same class. 通过这样的翻译，能够增强翻译的质量，使其语句更加通顺，意思更加明了。

一、跨文化视角下英语翻译词类转换的重要性

不同文化背景的文学作品在进行英语翻译时需要采用不同的技巧，英语词类转换作为重要的翻译技巧之一，翻译人员在翻译过程中需要做好相应的转换工作，这样才能够达到翻译目标，使得翻译作品与原文更加贴切。比如在进行英语翻译名词转换时，每句英语中都会包含一个谓语动词，这样就导致动词名词化的现象比较多。但是在汉语语句中就没有英语动词的限制，所以在进行翻译时，翻译人员就可以将汉语中的印象、地位、特点、态度、定义等名词转换为英语语句中所对应的词语。这样不仅能提升其翻译质量，也可以增强翻译的流畅性和简洁性，从而达到英语翻译的目标。

二、英语翻译文化视角下的词类转换

（一）英语翻译名词转换

在英语语句中有许多名词派生出来的动词，这样就需要将作为主体的名词转换为动词，也可以将其转换为副词或者形容词等。在汉语中一般动词使用频率要远远高于英语中动词的使用频率，这就使得翻译者将英语中的名词转化为动词。比如：paya attention to、to have a rest、make a decision 中的“attention”、“rest”、“decision”都是短语中的中心词，它们都为名词，但是在短语中却作为动词来表达动作。在句子中同样也存在名词用作动词的现象，例如：The flowing of current first in one direction and then in another makes an alternatingcurrent. 这句话中，就将可以将其中的名词译成动词，这样能够保证翻译的质量。可以翻译为：电流首先沿着一个方向流动，然后再沿着另一个方向流动形成交流电。在实际的翻译中，有一些英语动词翻译成汉语动词时会存在一定的难度，如果硬要翻译的话，就会导致翻译出的文章语句比较生硬，语句不够流畅，从而降低英语翻译的质量 [2]。这样的动词相对比较多，比如：act、run、work、aim、behave、furnish、direct、characterize 等。还有一些英语形容词派生的名词在翻译时需要将其转换为形容词，如：The pallor of her face indicated clearlyhowshe was feelingat the moment. 可以翻译为：她苍白的脸色清楚地表明了她那时的情绪。英语在翻译的过程中有时还要将名词转换为副词，主要是由于这些名词相对比较抽象，在名词短语或者句子中会存在一定的歧义，如果将其翻译为名字，那么将会影响到英语翻译的准确性，甚至会改变整个句子的意思。因此翻译人员可以按照文章中的情景，将其翻译为副词或者与其对应的状语，保证句子翻译的准确性。比如：The new mayor earned some appreciation by the courtesy of comingtovisit the citypoor. 译为：新市长有礼貌地前来访问城市贫民，获得了他们的一些好感。

（二）英语翻译动词转换

翻译人员在进行英语翻译时，有时候需要将动词转换为其他词性的词语，这样能够保证语句的通顺，同时也可以准确表达出原文的含义。英语翻译中的动词转换通常有以下几种：第一，英语中的动词转换为名词。该种转化主要是由于名词派生的动词产生的，在翻译过程中，翻译人员想要找到与之相对应的动词会比较难，这样就可以采用名词来进行转换，从而达到翻译的效果。比如：① This kind of behavior characterizes the criminal mind. 译为：这种举止是罪犯的心理特征。② To them,he personified the absolute power. 译为：在他们看来，他就是绝对权威的化身。在进行词类转化时，翻译者还要结合译文中的句子结构来进行，同时还要考虑句子结构和词语之间的搭配状况，从而达到翻译的效果。比如在翻译“绝对不允许违反该原则。”这句话时，相关人员就可以将其翻译为：No violation of this principle can be tolerated. 其中，汉语中的“违反”作为动词使用，但是在英语中则将其转换为“violation”这一名词，使得翻译出的语句与原文之间的差异不大。如果在英语翻译中还是使用动词，翻译出的句子将会出现错误，影响到英语翻译的质量。第二，名词转用的动词翻译为名词。翻译人员在进行英语翻译时要保证句子翻译的一致性，就要将名词专用的动词翻译为名词，比如：① Our age is witnessing a profound political change. 译为：我们的时代是深刻政治变革的见证。② Most U.S.spysatellites are designed toburn up in the earth' s atmosphere after completingtheir missions. 译为：美国绝大多数间谍卫星，按其设计，是在完成使命后，在大气层中焚毁。第三，将动词转化为形容词。比如：Marie' s was deeply impressed by what I did at that time. 译为：我在那个时候的行为给玛丽留下了深刻的印象。其中句子中的 deeply 作为副词可以表示程度，而作为动词的 impress 后加上 ed 转化为形容词，从而让翻译出的句子更加通顺，语句更加完善。

三、翻译英语介词转换

在英语中介词的使用频率相对较高，中文中常用介词数量相对较少，而且中文中许多介词都是从从此转换而来的。在英语的与结构中，介词通常会发挥着非常重要的作用，它能够将整个英语语言的魅力展现出来，使得语句更加活泼 [3]。因此翻译人员在翻译的过程中，翻译者可以将英文中的介词译为动词，使其句意更加顺畅，提升翻译的水平。比如：across、into、over、past、through 等介词，它们都具有一定的动词意义，因此在翻译时可以将其译为动词，增强译文的紧凑性和句子表达的连贯性[1]。除此之外，在对一些目的、原因状语的介词进行转换时，也可以译为动词。比如：Qiu Shaoyun in spite of all difficulties,insist on fighting. 译为：邱少云不顾一切困难，坚持战斗。该句话中英语的“in spite of ”作为介词，在汉语中就可以将其翻译为动词“不顾”。

四、翻译英语形容词和副词转换

在进行英语翻译时，为了保证翻译的质量，翻译人员有时会将其形容词和副词进行相应的转换，从而达到英语翻译的效果，增强翻译的准确性。比如句子“I am anxious about my mother' s health.”就可以将其翻译为“我担心妈妈的健康。”其中“anxious”在英语中作为形容词，但是在汉语翻译时就会将其转换为“担忧”这一动词，使其翻译出的句子更加贴切，能够准确表达出原文的意思。英语中的名词在翻译的时能够转换成汉语动词，因此修饰该名词的形容词需要转译成汉语副词。比如：We must make full use ofexiting technical equipment. 我们必须充分利用现有的技术设备。所以在今后的英语翻译中，翻译人员需要做好句子结构的调整，利用各种有效技巧，做好词类之间的转化，从而达到英语翻译的目标。

综上所述，在进行英语翻译时需要结合文化视角来进行分析，从不同文化角度来进行英语翻译，这样才能够达到英语翻译目标，提高英语翻译质量。除此之外，翻译人员进行

[1]　邓炎昌，刘润清 . 语言与文化 [M] 北京：外语教学与研究出版社，2010.

翻译时，还要掌握不同词类之间的转换规律，结合文章所创设的情景，准确把握其思想情感，从而提升英语翻译的准确性和连贯性，实现英语与汉语之间的良好转换。

第十节　商务英语翻译中跨文化交际及文化信息等值的研究

商务英语主要指的是跨文化交际在国际商务的环境下所使用的一种通用语言。在学术界中，人们普遍将其归属到应用语言学的范围内，认为其是一种专业英语的重要分支以及英语的社会功能变体。不过，由于商务丰富和复杂的内容与活动使商务英语翻译形成了特殊性、多样性和复杂性的特点，其除了包括两种文字及文化转换的内容之外，还包括国际商务的理论知识、各领域中的专业语言以及各种商务文体。上述因素都要求我们必须对商务英语翻译的跨文化交际及文化信息等值进行更为深刻地研究。

各个国家的商人都有其自身的民族语言、文化背景以及风俗习惯等，他们之间的商贸往来就是所谓的跨文化交际。商人们在不同民族语言及文化背景的情况下进行交流时，需要对相互之间的文化障碍进行克服，以便促进各自目标的实现。在国际经济和文化等交际中，其首选语言就是英语。英语在具有丰富词汇量的同时，还可以对其它各国的语言词汇进行吸收，其以多样性和易变性为主要特点，所以，人们在从事商务英语翻译的过程中，需要对本国与异国的文化差异，以及不同文化背景的语义文化信息差异进行详细的了解和掌握，最大限度的实现文化信息等值。有学者认为想要真正的做好翻译工作，与掌握两种语言相比，掌握两种文化要重要的多，这是由于语言只有在特定文化中进行运用时才会具有价值和意义；还有学者认为代码转译是对词的一致关系进行确立的过程，而翻译则是对信息的等值进行寻求的过程。这些学者的观点为现阶段的商务英语翻译起到了重要的指导作用。一个国家和民族的文化是经过千百年的时间沉淀而成的，其不会也不能被其他文化所替代，对其进行翻译时，需要对其文化因素进行特别的关注，尤其是文化信息传递方面，更要特别注意文化信息对等。

在商务英语翻译中，语义信息和风格信息的等值是其一种最为基础的对等。以此为基础，如果原文含有某些文化信息，那么翻译人员就必须对这些文化信息在译入语中最大限度的体现出来，在商务英语翻译中原文文化信息和译入语文化信息等值是一种更深层次的对等。在进行实际的商务英语翻译过程中，语言翻译转换往往会出现文化信息丢失、扭曲等现象，我们需要给予特别的注意。

一、商务英语翻译中出现文化信息不等值现象的具体情况

在全球范围内每年都会有大量的商品被介绍到国际市场中，在这个过程中往往会因为广告正文出现拼写、句法、用词以及文化等错误而导致出现商品销路不畅的现象，这不仅

会影响企业的产品销售，而且还会影响企业的形象。出现这种情况主要是因为缺乏对文化差异的认识和了解，跨文化交际能力较差造成的，所以，商务英语翻译人员需要对其进行详细的分析与研究，对文化差异的各个方面进行充分的了解和掌握，以实现翻译过程的文化信息等值。以下对几种文化信息不等值现象进行详细的分析：

（1）译入语文化不存在或是不重视原文的指称对象。例如“耐克”运动鞋，原文为“Nike”，在希腊神话中，其代表的是胜利女神，在西方人的观念里这是代表着胜利和吉祥的意思，然而在我国的文化背景中却不存在这种信息，若是将其直译成“娜基”，在我国人们的心里不会产生任何有意义的联想，但是翻译成“耐克”就不同了，“耐”可以让人们产生耐穿结实的联想，“克”可以让人们产生克敌制胜的联想，这样的翻译在体现运动鞋产品质量好的同时，也可以将译入语文化融入其中，更容易受到我国人们的欢迎与理解。

（2）译入语需要另行处理原文明确的指代对象。例如我国的雄鸡牌闹钟，曾被翻译成“Golden cock alarmclock”。我国有视“雄鸡”为吉祥物的传统，而雄鸡又具有打鸣报时的作用，以此来比喻闹钟唤醒人们的作用并无不妥。但是 cock 一词在英语中也有男人性器官的意思，在英国俚语中，cock up 代表的是“一团糟”的意思，这种翻译效果会对商品的销售造成严重的影响，因此将其改成“Golden rooster”，即“金鸡牌”闹钟，这样在兼顾我国消费者的传统观念的同时，也照顾到了国外客户的审美要求。

（3）译入语与原文分别用字面意思不同的词语来体现同一指称对象。例如我国人们对“东风”情有独钟，而英国人则认为“西风”是温暖的代表，虽然这两个词汇的字面意思完全相反，但是其所要表达的内在指称对象却是相同的，因此在进行翻译时，我们需要“入乡随俗”，对特殊的文化信息要进行特殊处理。

二、对商务英语翻译中的文化信息进行调整的具体方法

在汉英翻译中，对指称意义进行翻译时通常会采取下列四种方法来进行，具体为：

（1）直译法翻译。直译法主要是指在符合译入语文化背景的基础上，在进行译入语翻译时对原文的词语进行完全保留的一种指称意义。通过直译法由汉语翻译成英语的有：纸老虎 -paper tigers 等，由英语翻译成汉语的有：chain reactions- 连锁反应等。而有些词语采用单纯的直译法并不能对其所具有的符号意义进行完整的传递与表达，因此需要在直译基础上另加注释来进行翻译，也就是直译加注方法，通过这种方法不仅可以清晰地说明指称对象的意译，而且还可以对原文语言的风格进行完整的保留和有效的传递。

（2）意译法翻译。意译法主要是指在受到译语社会中文化差异影响的背景下，翻译人员将原文字面意思舍弃，利用符合原文的大意及语言功能进行译文翻译的一种方法。各个国家和民族由于不同地理、历史、风俗等影响，其所使用的语言也是不同的，都具有自身独特的词汇、句法等，在翻译过程中往往会产生歧义，为此，我们只能舍弃原文的字面意思而进行意译，其主要包括直接意译及转换意译两种形式，其中，直接意译指的是把词典

中源语言的意思翻译成为目的语；而转换意译则指的是翻译人员摆脱词典对词汇的解释[1]，在对商品的特征等相关实际情况进行了解和掌握之后，采用其他译名来对源语言进行代替翻译。

（3）音译法翻译。音译法主要是指通过音位单位对译文中源语言的发音进行保留，并以名从主人原则为基础，对原文语言功能进行凸显的一种方法。这种方法看似简单，但是在实际的翻译中却有着很多的讲究，需要翻译人员在翻译之前进行反复的琢磨。

综上所述，商务英语翻译具有非常强烈的专业性和特殊性，这就要求翻译人员必须对其有充分的了解和掌握。与此同时，商务英语翻译还是跨文化交际能力的一种，翻译人员需要加强这方面的能力，以促进文化信息等值，提高商务英语翻译能力。

[1] 冯艳妮 . 职业教育项目课程中项目活动设计研究 [D]. 上海：华东师范大学，2010.

参考文献

[1] 杜春雷 . 实用商务英语函电 [M]. 南京：东南大学出版社，2014.

[2] 章振邦 . 新编英语语法教程 [M]. 上海：上海外语教育出版社，1998.

[3] 冯志伟 . 应用语言学综论 [M]. 广州：广东教育出版社，1999.

[4] 夏中华等 . 应用语言学—范畴与现况 [M]. 上海：学林出版社，2012.

[5] 皮特 • 科德，上海外国语学院外国语言文字研究所译 . 应用语言学导论 [M]. 上海：上海教育出版社，1983.

[6] 于根元 . 应用语言学前沿问题 [M]. 北京：中国经济出版社，2006.

[7] 于根元 . 应用语言学概论 [M]. 北京：商务印书馆，2003.

[8] 于根元 . 二十世纪的中国语言应用研究 [M]. 太原：书海出版社，1966.

[9] 廖七一 . 当代英国翻译理论 [M]. 武汉：湖北教育出版社，2001.

[10] 王克非，张美芳 .《翻译与翻译过程：理论与实践》导读 [M]. 北京：外语教学与研究出版社，2001.

[11] 文军，等 . 当代翻译理论著作评介 [M]. 成都：四川人民出版社，2002.

[12] 朱永生，严世清 . 系统功能语言学再思考 [M]. 上海：复旦大学出版社，2011.

[13] 曾文雄 . 语用学翻译研究 [M]. 武汉：武汉大学出版社，2007.

[14] 翁凤翔 . 当代国际商务英语翻译 [M]. 上海：上海交通大学出版社，2007.

[15] 彭建武 . 认知语言学研究 [M]. 青岛：中国海洋大学出版社，2005：12，225.

[16] 王寅 . 认知语言学探索 [M]. 重庆：重庆出版社，2005.

[17] 张美芳 . 翻译研究的功能途径 [M]. 上海：上海外语教育出版社，2005.

[18] 方梦之 . 翻译新论与实践 [M]. 青岛：青岛出版社，1999.

[19] 王克友 . 翻译过程的演生 [M]. 北京：中国社会科学出版社，2008.

[20] 从莱庭，徐鲁亚 . 西方修辞学 [M]. 上海：上海外语教育出版社，2007.